AF196893

SPRÜCHE-KLOPFER?

INSPIRATION DURCH PROVOKATION

1

Daniel Hoch

© 2020 Daniel Hoch

Umschlaggestaltung: honigbart®, Jürgen Schulz

Lektorat/Korrektorat: Lisa Billing

Verlag: Erfolgshoch Verlag (Inh. Daniel Hoch),
                         Karl-Liebknecht-Straße 66, 04275 Leipzig

Druck: tredition GmbH, Hamburg

ISBN Paperback: 978-3-948767-25-9
ISBN E-Book: 978-3-948767-26-6
ISBN Hörbuch: 978-3-948767-43-3

Das Werk einschließlich seiner Teile ist urheberrechtlich geschützt.

Jede Verwertung ist ohne Zustimmung des Verlages und des Autors unzulässig.
Dies gilt insbesondere für die elektronische oder sonstige Vervielfältigung,
Übersetzung, Verbreitung und öffentliche Zugänglichmachung.

Bibliografische Information der Deutschen Nationalbibliothek:
Die Deutsche Nationalbibliothek verzeichnet diese Publikation
in der Deutschen Nationalbibliografie; detaillierte bibliografische
Daten sind im Internet über http://dnb.d-nb.de abrufbar.

Inhalt

Vorwort

„Es lohnt sich nicht, über Dein eigenes Leben zu jammern, wenn Du selbst dessen Gestalter bist."

Als Gestalter Deines Lebens bist Du ein Schöpfer und Schaffer. Im Wort Schöpfer steckt auch die Bezeichnung „Scheiß Opfer!" Du wählst, was und wie Du denkst, was und wie Du etwas tust, wer Du bist und wer Du sein möchtest. Das bedeutet: Wenn Du Dein Leben bejammerst, dann bejammerst Du nur Dich selbst! Dann bist Du ein Opfer! Du entziehst Dich Deiner persönlichen Möglichkeiten und verweilst in Passivität.

Die Selbst-Bejammerung ist natürlich eine äußerst komfortable Situation. Als Aufgebender und Jammernder musst Du nichts machen, außer Dich beschweren. Du gibst den Umständen, Deinen Mitmenschen oder Deinem Schicksal die Schuld für das, was Dir widerfährt und entziehst Dich der Verantwortung für das Bessermachen. Das macht Dir viel weniger Arbeit — bringt Dich allerdings auch nicht vorwärts.

Wechsle Deine Perspektive. Du bist nicht der einzige Mensch, der ab und an mal jammert. Das Wichtige ist, was Du daraus machst. Habe den Mut, Dich selbst kritisch zu hinterfragen. Stell Dir in Situationen, in denen Du Dich Deinem Leben ausgeliefert fühlst und in ein ständiges Jammern gerätst, folgende Fragen: Wer willst Du sein? Willst Du Opfer der Situation sein? Wie schaffst Du es, eine Wahl zu treffen, mit der Du glücklich bist?

Ich freue mich, dass Du zum ersten Teil von „Sprücheklopfer?" gegriffen hast. Zu Beginn: Dürfen wir uns „duzen"? Ich denk und hoffe: JA. Ich spreche gern von Mensch zu Mensch. Ich möchte Dich möglichst gut erreichen und Dich direkt ansprechen. Dieses Buch soll Dich zugegebenermaßen sogar herausfordern. Ich möchte Dich in Deinem Denken provozieren, anregen und inspirieren. Wenn Du mich bereits kennst, weißt Du, wie gerne ich mal einen Spruch raushaue.

Der Grund, warum ich dieses Buch schreibe, liegt in vielen meiner Seminare, Coachings und Beratungen. Ich habe alle meine klugscheißerischen Anekdoten gesammelt und habe mir gedacht, dass diese doch langsam oder irgendwann für ein ganzes Buch reichen. Dieser Gedanke ist bereits sechs Jahre alt. Zuerst habe ich über meine Website www.danielhoch.com, meine Social-Media-Kanäle und in Gesprächen noch mehr Feedback zu meinen Sprücheklopfern erhalten und immer weiter gesammelt. Während ich diese Einleitung schreibe, habe ich bereits die nächsten 52 Sprüche im Kopf.

Dieses Buch ist nicht dafür gedacht, um „richtig" und „falsch" darzustellen. Es ist keine Religion, keine Ideologie und kein Lebenswerk, das für alle Menschen gelten soll. Das Buch ist lediglich wie ein Tagebuch, eine Ansammlung von Gedanken, die ich allein oder gemeinsam mit anderen aus dem Affekt heraus zusammengestellt habe. Die Sprüche ergeben sich aus Situationen und Begegnungen mit Menschen, im gemeinsamen Lernen.

Ich möchte diese Gedanken allen anderen Menschen zur Verfügung stellen, die schmunzeln, nachdenken und sich angegriffen fühlen wollen. Das Buch richtet sich an diejenigen, die den Weg der Provokation und den Weg des anderen Blickwinkels gerne nehmen.

Ich sage Dir auch, was ich mit diesem Buch nicht tue. Ich werde Dir keine Empfehlungen aussprechen, was Du tun sollst. Du bekommst von mir keine Anleitung, keine vorgefertigte Meinung und eben auch kein „richtig" und „falsch". Ich werde hier und da lediglich einige Möglichkeiten aufzeigen.

Ich werde mich teilweise nicht zurückhalten und Dir sporadische Denkaufgaben geben. Meine einzige wahrhaftige Empfehlung an Dich, gebe ich Dir genau hier und jetzt: Lass Dich inspirieren! Wenn Du an der einen oder anderen Stelle völlig verunsichert bist und Dich fragst, „Mist, und was jetzt?!", dann schreibe mir eine Mail an presse@danielhoch.com oder rufe mich unter der Nummer 0176 80 34 00 66 an und stell Deine Frage.

Ich sag Dir gern, wofür ich das mache. Leben heißt, dass ich mich entwickle. Mit jeder einzelnen Erfahrung lerne ich etwas Neues über mich, wie ich bin und wie ich sein möchte. Wenn Du Dich entwickeln magst, darfst Du Dich ab und zu selber mit ungemütlichen Gedanken und Situationen konfrontieren. Manchmal musst Du Dich selber infrage stellen und hinter Deine Fassade blicken, die Du eben auch vor Dir selbst aufrechterhältst. Es ist nur menschlich, dass Du ungemütlichen Gedanken, Fragen und Situationen aus dem Weg gehst. Deshalb übernehme ich mit diesem Buch die Aufgabe, Dich zu konfrontieren und gedanklich herauszufordern. Und ich frage Dich: Willst Du das wirklich? Wenn Du mit „ja" antwortest, dann lies weiter. Wenn Du mit „nein" antwortest, dann verschenk das Buch oder schick es mir zurück.

Es ist durchaus möglich, dass der ein oder andere Spruch Ähnlichkeit mit einem bereits existierenden Zitat hat. Ich habe alles getan, um zu überprüfen, ob mein Spruch eine Erinnerung oder eine Wiederholung eines anderen Zitats ist. Wenn das bei einem Spruch der Fall sein sollte, dann verneige ich mich vor dem Urheber und freue mich, dass wir die gleichen Gedanken haben. Wenn ich jemandem Unrecht getan habe, dann definitiv nicht mit Absicht. Kontaktiere mich bitte unter: presse@danielhoch.com.

Ich wünsche mir, dass jede/r, der sich durch meine Sprüche inspiriert fühlt, diese weiterträgt und teilt, auch gern meinen Namen darunter schreibt und mich zitiert. Liebevoller Dank.

Ich habe 52 Sprüche herausgesucht, die Dir helfen, Dich zu reflektieren und zu entwickeln. Es gibt Sprüche, bei denen Du sofort sagen wirst, „Ja, da hat er recht!", bei anderen wiederum wirst Du Dich zuerst vor den Kopf gestoßen fühlen und Dich fragen, was ich mir hier eigentlich rausnehme, Dir so etwas vor den Kopf zu knallen. Du hast mehrere Möglichkeiten, was Du mit den 52 Sprüchen anstellst. Entweder Du liest das Buch ruckzuck durch und schnappst Dir dann noch mal die Sprüche, die sich besonders in Dein Gedächtnis eingebrannt haben. Oder Du kannst Dir das Buch zum Beispiel auch für das kommende Jahr vornehmen und liest jede Woche einen Spruch, der Dich dann sieben Tage gedanklich begleitet. Mach draus, was Du möchtest.

Warum überhaupt „Sprücheklopfer?" Ganz einfach. Es ist Deine Wahl, ob Du diese Sprüche nimmst, um Dich ein Stück weit inspirieren zu lassen, ob Du drüber lachst, Dich aufregst, ganz nach dem Motto: „Wie kann er sowas nur sagen? Darf er das?", oder ob Du diese Sprüche annimmst und Dir überlegst, ob vielleicht noch mehr hinter diesem Spruch steckt. Es liegt bei Dir, ob Du die Sprüche annimmst und reflektierst, wie Du Dir Dein Leben durch sie noch schöner und lebensfroher gestaltest.

Sprücheklopfer oder Macher?
Du entscheidest.

SPRÜCHEKLOPFER?

„Hoffnung trübt
die hässliche Fratze
der Realität."

Am Anfang einer Beziehung bist Du verliebt. Du hast starke Gefühle und siehst alles positiv, Du nimmst nur das Schöne wahr. Du *willst* nur das Schöne sehen, denn das Schöne brauchst Du ja. Das, was tatsächlich ist, siehst Du nicht und schlitterst direkt an der Realität vorbei. Doch bereits jetzt siehst Du schon in den ersten Zügen, dass irgendetwas nicht ganz passt. Du denkst und hoffst: Das wird noch! Das gibt sich! Das legt sich! Das wird noch ganz anders!

So ist es beispielsweise auch im Beruf. Du beginnst einen neuen Job und willst nur das Schöne sehen. Bis Du realisierst, was nicht so toll läuft.

Hoffnung trübt Deinen objektiven, realistischen Blick. Du siehst nicht mehr das, was ist, sondern nur den Wunschzustand dessen, was Du hast. Du wünschst Dir, dass sich Themen und Situationen, der andere, die Bedingung, das Leben, dass alles sich ändert — nur wo bleibst Du selbst? Wo sind Deine Kraft, Deine innere Haltung, Deine Selbstwirksamkeit und Dein Selbstvertrauen? Hoffnung bringt Dich grundsätzlich eher in eine Opferrolle. Du hoffst, dass sich etwas noch ergibt, sich etwas klärt, von alleine löst, oder dass ein anderer das Problem klärt.

Die Lösung Deines Problems soll im Außen stattfinden. Du gehst die Problemlösung nicht aktiv selber an und nimmst keinen direkten Einfluss auf die Situation. Deine Hoffnung bringt Dich in einen extrem passiven Zustand. Um etwas in der Hand zu haben, musst Du aktiv werden.

Hoffnungsvoll zu sein, gibt Dir manchmal in der Gegenwart ein angenehmeres Gefühl. Dieses positive Gefühl ist wie ein Drogen- oder Alkoholrausch, eine Flucht aus der Realität. Du bist in einer Beziehung, in der Dir die Liebe und Zuneigung fehlt. Eigentlich willst Du die Beziehung beenden, doch Du landest mit dem anderen noch mal im Bett. Du bist benebelt von Deinen Hormonen und hast ein wunderbares Gefühl. Nach ein paar Tagen, wenn sich das Gefühl wieder legt, siehst Du, was eigentlich Phase ist.

Um bewusst, aktiv und selbstwirksam zu handeln, brauchst Du Zuversicht statt Hoffnung. Zuversicht holt Dich in die Rolle des Handelnden zurück. Wenn Du zuversichtlich bist, dass sich durch Dein Handeln etwas positiv entwickelt, dann kommst Du ins Tun.

„Nur abseits der bekannten Muster hast Du die Chance, wahrhaftig Neues zu entdecken."

Etwa 98 % aller Dinge, die Du jetzt tust, basieren auf der Grundlage Deiner alten, bereits gemachten Erfahrungen und auf Deinen alten Gedanken. Du entdeckst nur wahrhaft Neues, wenn Du wirklich innovativ bist. Dafür ist es notwendig, dass Du neue Wege gehst, die Du bisher noch nicht gegangen bist, um Unbekanntes und neue Sichtweisen zu entdecken.

Das bedeutet, dass Du aktuell immer noch versuchst, alte Gedanken zu optimieren und bereits Bestehendes besser zu machen. In einigen Fällen machst Du einfach das komplette Gegenteil oder du versucht Deine alten Gedanken weiterzuentwickeln. Die Grundlage, beziehungsweise der Referenzwert, Deines Denkens und Verhaltens bleibt dabei immer das Alte.

Neu zu denken, bedeutet, Dich komplett von Altem zu lösen. Das heißt, dass Du noch eine Stufe weitergehst. Du löst Dich vom Entweder-oder-Denkmuster, mit dem Du entweder A oder B wählst. Du gehst weiter und eignest Dir das Sowohl-als-auch-Denkmuster an. Mit diesem entscheidest Du Dich nicht zwischen A und B, sondern Du suchst nach einer Lösung, die A und B beinhaltet. Die dritte Stufe ist dann das Weder-noch-Denken, also weder A noch B. Was könntest Du tun, wenn Du nicht A und auch nicht B wählst? Was könnte C sein? Es geht nicht um den Plan B, es geht um Plan C. Du kommst in die Sphäre von Gedanken, die *wahrhaftig neu* sind.

„Oftmals verlieben
wir uns mehr in das
Bild, das wir uns
vom Erfolg machen,
als in den
Erfolg selbst."

Du gierst Deinem Bild von Erfolg zielstrebig hinterher, weil es Dich so sehr anmacht. Sobald Du das Ziel erreichst, ist das Gefühl gar nicht so toll und bleibt weit hinter Deiner Erwartung zurück. Du fragst Dich, warum Du Dich nicht freuen kannst. Dafür gibt es einige Gründe.

1. „Vorfreude ist die schönste Freude." Deine Aufregung steigt während des Wartens. Deine Erwartungen und Vorstellungen entwickeln sich zu einem unrealistischen Bild fernab Deiner tatsächlichen Emotionen.

2. Deine unbewusste Programmierung: „Erst die Arbeit, dann das Vergnügen." Wenn Du Dich vergnügen könntest, beginnt die Schleife immer wieder von vorne. Das gilt auch für Deinen Erfolgsmoment. Hast Du schon Mal Rentner gesehen, die ihren Ruhestand wirklich genießen? Nein, die haben noch mehr zu tun, weil sie in dieser Dauerschleife gefangen sind.

3. Du verbietest Dir die Freude, denn Du bist ja nicht zur Freude auf dieser Welt. So wurde es Dir zumindest immer gesagt. Du musst Gutes schaffen, statt Dich mit dem glücklich zu schätzen, was Du hast. Denn dann könntest Du ja faul werden.

4. Streben nach Sicherheit. Du weißt nie, was noch kommen könnte, deshalb lieber nicht ausruhen und weitermachen.

5. Deine Demut. Er sagt Dir: Heb nicht ab! Schweb nicht zu hoch! Guck mal, wie es den anderen geht! Sei demütig! — Demut heißt hier, genieße nicht zu sehr Deinen Erfolg, denn er könnte Dich abheben lassen. Und was sollen die anderen dann nur von Dir halten?

„In Beziehungen
wird sich meist
gegenseitig
missbraucht,
um Dinge zu
kompensieren,
die man selbst nicht
hat oder kann."

Über Partner einer Beziehung wird gesagt: „Gleich und gleich gesellt sich gern.", zugleich gibt es die Aussage „Gegensätze ziehen sich an". Du findest immer wieder Menschen spannend, die Fähigkeiten haben, die Du nicht hast. Warum hast Du den Menschen in Deinem Leben? Was macht ihn aus? Welche Charaktereigenschaften und Fähigkeiten besitzt er, die Du nicht hast? Ist es wirklich Liebe oder spielt etwas anderes die Hauptrolle?

Was ich feststelle: Du suchst Dir oft unbewusst – und trotz allem absichtlich – Menschen, die Deine Defizite ergänzen, sodass Du Dich vollkommener fühlst. Wenn Du Deine eigene Vollkommenheit nicht hast, dann suchst Du die Ergänzung im Außen. Du bemühst Dich beispielsweise um einen Menschen, der das macht, was Du nicht kannst oder Dir die Charaktereigenschaft gibt, die Du nicht hast. Sobald Du einen gefunden hast, der Dich ergänzt, entstehen Erwartungen. Du *brauchst* seine Charaktereigenschaft und das, was er kann und forderst das ein. Du befindest Dich ab diesem Zeitpunkt in einer Abhängigkeit: Du brauchst die Ergänzung durch den anderen, um Dich vollkommen zu fühlen. Du (miss)brauchst ihn für Deine Zufriedenheit. Schlimm wird es, wenn Dir der andere die Eigenschaft, die Du ja brauchst, wieder entzieht. Du sagst dann beispielsweise „Du hast Dich verändert!" Tiefe Unzufriedenheit ist die Folge.

Ich beobachte außerdem eine weitere Form des Missbrauchs. Du suchst einen Menschen und eignest Dir die Eigenschaften und Fähigkeiten von ihm an, die Du zuvor nicht hattest. Der andere verliert den Reiz, weil Du das Reizvolle jetzt selber hast. Oder Du entdeckst beim anderen, was hinter den Kulissen stattfindet und siehst nun auch die negativen Seiten. Diese negativen Seiten, die Du wahrnimmst, siehst Du auch bei anderen, die mit diesen besser umgehen. Die Frage ist, worauf Du Dich konzentrierst: auf die 80 %, die super sind oder auf die 20 %, die nicht so super sind. Oder ist das egal und Liebe liebt, weil Liebe das Lieben liebt? Dir bewusstzumachen, was Dir fehlt und wie Du es selbst bekommst, ohne einen anderen Menschen dafür zu brauchen, schenkt Dir Souveränität, Gelassenheit und Freiheit. Erst dann bist Du ein vollwertiger Partner und führst eine Partnerschaft auf Augenhöhe.

Denn Liebe braucht nicht, Liebe liebt.

„Persönlichkeits-
entwicklung ist wie
Zähneputzen:
1x machen, reicht
nicht fürs Leben."

Es gibt Teilnehmer, die kommen in ein Seminar oder in ein Coaching und denken, danach ist die Welt perfekt und alles super toll. Dann gibt es auch noch die Teilnehmer, die erleben ein Seminar, finden das super toll und sind die nächsten Tage völlig geflasht. Sie gehen raus, sind total begeistert und voller positiver neuer Energie. Sie denken anders und fangen an, Dinge anders zu machen. Doch nach einigen Tagen oder auch Wochen kommen die alten Gewohnheiten und alten Denkweisen schleichend wieder zurück.

Das ist völlig normal. Gewohnheiten, die Du hattest, kannst Du nicht von einem auf den anderen Tag abstellen. Du musst sie durch neue Gewohnheiten ergänzen und über einen langen Zeitraum hinweg, schaffen es die neuen Gewohnheiten, die alten abzulösen.

Dafür ist es wichtig, dass Du Dich regelmäßig reflektierst. Es ist völlig egal, ob Du Dir dafür einen Termin mit Dir selber setzt, einen Termin mit jemand anderem vereinbarst, Dir regelmäßig Reflexionsfragen zur Hand nimmst oder, ob Du regelmäßig Seminare und Coachings besuchst, passende Bücher liest, Podcasts hörst ... Deine Möglichkeiten dranzubleiben sind vielfältig. Finde heraus, auf welchem Weg Du Dich am liebsten selbst reflektierst, um Dich zu entwickeln.

Persönlichkeitsentwicklung heißt nicht, dass Du ein Coaching machst, ein Seminar besuchst oder ein Buch liest, damit etwas getan hast und fertig bist. Grundlegend bist Du als Mensch fertig und vollkommen. Die Frage, die Du Dir stellen musst, ist, wie Du das Vollkommene (aus)lebst. Jeden Tag aufs Neue.

„Du suchst nichts Besseres, weil Du Dir das Gute, das Du hast, besser redest und das Bessere, das Du nicht hast, schlechter redest."

Es ist wissenschaftlich nachgewiesen, dass Du Dich in zwei Weisen überschätzt.

Erstens: Du überschätzt Deine Fähigkeiten oder stellst sie über die Fähigkeiten anderer. Du redest Dir Deine Fähigkeiten besser als sie sind. Das verschafft Dir ein gutes Gefühl und Du musst Dich nicht darum bemühen, etwas besser zu machen.

Zweitens: Das, was Du schlecht machst, was Du einfach verkackst, das redest Du klein. Du machst Dich selber nicht schlechter, weil Du Dich sonst (noch) beschissener fühlst, als Du es unterbewusst sowieso schon tust. Du bist ja auch nicht dumm. Wenn Du Dir eingestehst, dass Du etwas schlecht gemacht hast, dann musst Du ja wieder Deinen Arsch bewegen, um den Misserfolg auszugleichen. Damit Du Dich nicht bewegen musst, redest Du das Schlechte besser, als es eigentlich ist. Hauptsache es ist bequem für Dich.

Wozu ich Dich anhalten möchte: Verschaffe Dir einen klaren Blick und verwechsle Deine subjektive Realität nicht mit der Wirklichkeit. Betrachte Situationen abseits Deiner bekannten Muster, von außen, von Deiner eigenen Metaebene aus oder wechsle ernsthaft in die Perspektive eines anderen. Erst wenn Du Deine gewohnte Perspektive verlässt, erkennst Du neue Potenziale und Möglichkeiten.

„Nichts ist es wert,
mit Sorgen gekauft
zu werden."

- Um nicht allein zu sein, nimmst Du dann doch einfach den Deppen von nebenan.

- Bevor Du gar nichts im Leben hinbekommst, wirst Du halt schwanger.

- Bevor Du gar nichts isst, isst Du lieber Schrott.

- Bevor Du auf der Straße sitzt, nimmst Du lieber den erstbesten Job an.

- Weil Du Positionen zu besetzen und kein Personal hast, nimmst Du irgendein Personal, Hauptsache die Produktion und der Verkauf laufen weiter.

Wenn Du versuchst, aus der Not heraus die Dinge halbwegs zu schaffen, dann führt das meistens nur zu mittelmäßigen Ergebnissen und Unzufriedenheit, nicht zur Glückseligkeit. Wenn Du nur an das Kurzfristige denkst, dann wirst Du langfristig die Auswirkung vom Kurzfristigen spüren. Deshalb ist es ja so wichtig, langfristig zu denken und zu handeln. Frage Dich, ob Du etwas aus einer Not heraus machst, auch wenn es sich vielleicht nicht wie eine Not anfühlt, oder machst Du es aus einer Vollkommenheit heraus, weil es die beste Wahl Deines Lebens ist?

„Die Art, wie Du ein Problem betrachtest, ist meist das eigentliche Problem."

Tritt eine schwierige Situation auf, nimmst Du sie als erstes emotional wahr. Du spürst Wut, Angst oder Verzweiflung. Du bewertest die Situation unmittelbar anhand Deiner Erfahrungen und bist von Deinen Gefühlen völlig eingenommen. Das ist menschlich und gehört zu Dir. Du solltest Dir jedoch bewusstmachen, dass Du durch Deine Bewertung nicht alle realen Möglichkeiten siehst. Du siehst ein PRO-blem nicht als etwas PRO-aktives sondern eher als etwas reaktives an. Du hast einen Reiz und lässt Dein Unterbewusstsein schlichtweg darauf reagieren. Die reale Herausforderung ist Dein Umgang mit Problemen und was Du daraus machst.

Du siehst Dinge immer nur so, wie Du sie sehen willst. Oder Du siehst die Dinge nicht, die Du eben nicht sehen willst. Du bist nicht bereit, alternative Gedanken zuzulassen, weil Du ein einschränkendes Entweder-oder-Denken hast. Dieses verschließt Dich vor Deinem öffnenden Denken, das Raum für Möglichkeiten schafft. Eine typische Aussagen eines Entweder-oder-Denkers ist „Ich hab doch schon alles versucht!" Mit einer solchen Haltung beweihräucherst Du Dich einfach nur selbst, statt aufzuzeigen, was Du noch nicht getan hast. Du fühlst Dich von Deinem Problem bestimmt und begibst Dich in eine Opferhaltung.

Es wird Zeit, umzudenken. Das Wort heißt PRO-blem und nicht ANTI-blem. Das Wort PRO-blem zeigt, dass es FÜR etwas gut ist und nicht gegen etwas. Deine Probleme sind für Dich. Verwerte Situationen, statt sie zu bewerten. Wenn Du sie gleich bewertest, dann bringt Dich das in nur eine Richtung. Was ist dann mit den anderen Richtungen und Möglichkeiten? Entwickle Deine Haltung gegenüber Problemen so, dass Du nicht nur das Negative siehst, sondern, die Möglichkeiten. Das Problem ist FÜR Dich, nicht gegen Dich.

„Zu Beginn aller guten Antworten steht die besser gestellte Frage."

Meine Mutter sagte immer: „Es gibt keine dummen Fragen, es gibt nur dumme Antworten". Das habe ich ihr immer geglaubt und inzwischen vertrete ich auch fest diese Meinung. Das heißt, ganz egal, was Du für eine Frage hast, stell sie! Das ist ein wirklich wichtiger Grundsatz, denn jede nichtgestellte Frage ist fahrlässige Kommunikation und fehlende Wertschätzung Dir selbst gegenüber. Denn Du möchtest ja etwas wissen, egal wie Du Dich fühlst und dastehst, weil es Dir schon mal erklärt wurde. Die Grundlage ist: Wenn Du eine Frage hast, dann stell sie.

Dennoch hat mir die Aussage meiner Mutter nie komplett gereicht. Du stellst nun eine Frage und erhältst eine Antwort darauf. Es kann passieren, dass die Antwort jedoch nicht so ist, wie Du sie Dir erhoffst. Das heißt nicht, dass Dir der andere etwas Falsches geantwortet hat. Es kann auch daran liegen, dass Du die falsche Frage gestellt hast, oder dass Du die Frage falsch gestellt hast. Um eine Antwort zu bekommen, die Du brauchst und willst, musst Du eine gescheite Frage stellen.

Das heißt: Wenn Du eine Antwort willst, stelle a) eine Frage, die b) die Sinn macht. Überlege Dir also immer vorher, welche gescheite Frage Du hast, um die Antwort zu finden, die Du suchst und brauchst. Um eine gescheite Frage zu stellen, musst Du wissen, welche Absicht Du mit der Frage hast und welchen Sinn diese Frage haben soll. Je nachdem stellst Du sie dann. Das heißt, es ist ein Zusammenspiel aus Frage und Antwort. Nicht nur die Frage muss gescheit sein, auch die Antwort muss es sein. Wenn Du eine gescheite Antwort haben willst, musst Du eine gescheite Frage stellen.

„Authentizität
ist nicht nur,
wer Du bist,
sondern auch
wer Du sein willst.“

Ich beobachte regelmäßig ein Phänomen. Wenn ich mit Menschen rede und sie kommen mit ihren Argumenten an einem Punkt nicht mehr weiter, kommt immer wieder die Aussage „Ich bin halt so!" Zack – Gespräch beendet. Die Möglichkeit zu wachsen weg. Rums.

Das ist eine Opferhaltung. Sie ist weder proaktiv, noch wohlwollend oder lösungssuchend und erst recht nicht zukunftsorientiert. Der Aussage liegt zu Grunde, dass Authentizität etwas Starres ist und dass sie die Quintessenz Deiner Person ist, die Du möglichst konsistent und konsequent nach außen trägst. Wenn Du „Ich bin so!" sagst, bist Du in einer starren Aussage gefangen. Sie ist unflexibel und Du definierst Dich über bereits Bestehendes. Aus Deiner Vergangenheit hat sich Dein Jetzt gebildet. Diese Definition bringt ein grundlegendes Problem mit sich: Mit jedem vergangenen Moment kommt etwas zu Deiner Vergangenheit hinzu.

Jeder Moment ist fähig, Dich, Deine Haltung und damit das, worüber Du Dich definierst, zu entwickeln. Du kennst solche Momente, durch die Du von einem auf den anderen Tag anders denkst. Wie überdauernd und konsistent ist dann Dein „Ich bin so"?

Die Frage, die Dich authentisch macht und in Deinem vollen Potenzial zeigt, ist: Willst Du so bleiben? Aus dieser leiten sich Folgefragen ab: Willst Du Dich entwickeln? Wer willst Du in Zukunft sein?

Das heißt nicht, dass Du Dich entwickeln musst. Du bist frei in Deiner Wahl. Selbstwirksame und proaktive Lebensgestaltung heißt, dass Du Dich fragst, ob Du auf Entwicklung Bock hast. Lohnt sich das für Dich? Gibt es Möglichkeiten, dass es sich lohnt? Gibt es einen Grund dafür, dass Du Dich entwickelst? Ein konsistentes Bild Deiner Persönlichkeit erschaffst Du durch eine zukunftsorientierte Haltung, Fokus auf Dein Potenzial und durch Dein persönliches Entwicklungsziel. Konsistenz ist nicht die Konsistenz an sich, sondern vielmehr die konsistente Flexibilität. Authentizität ist flexibel.

„Es gibt nur
Prio A oder B

—

TUN oder
NICHT TUN."

In meinen Vorträgen und Seminaren ist mir zum Thema Prioritäten setzen eine Sache immer wieder aufgefallen. Immer, wenn ich nach der Anzahl der Prioritäten gefragt habe, wurde eine Zahl von drei bis fünf genannt. Die häufigste Antwort ist, dass es drei Prioritäten gibt, nämlich A, B und C. Wenn ich dann nachfrage, was diese A-, B- und C-Dinge genau ausmacht, und welche Priorität sie haben, wurde erklärt, dass A die ganz wichtigen Dinge sind, B ist auch wichtig, allerdings irgendwie nicht ganz so wichtig wie A und C ist auch in irgendeiner Art wichtig, die kann man ja mal machen. Wie Du siehst, eine eindeutige Definition ist das nicht. Und welche Prioritäten sollen dann D und E noch haben? Wahnsinn.

Die Frage ist letztendlich nicht, wonach Du priorisierst. Die Abstufungen zwischen wichtig, dringend und etwas weniger wichtig sind kaum wahrnehmbar und helfen Dir nicht weiter. Es gibt letztendlich nur zwei Prioritäten: A – Du setzt um und B – Du setzt nicht um. Das ist das oberste Prinzip, nach dem Du unterbewusst handelst. Du fragst Dich ja nur, „Mach ich das jetzt, oder nicht?", und versuchst eben nicht, der Sache einen tatsächlichen Grad an Wichtigkeit zuzuschreiben. Du unterscheidest ganz klar zwischen A und B. Priorität A ist das, was Du tust und zwar wahrhaftig, Du überlegst, wie Du es umsetzt und ziehst es bis zum Schluss durch. Priorität B heißt, Du tust es nicht. Für die Dinge, die Du wirklich umsetzt, nutzt Du bestenfalls das Eisenhower-Prinzip: Fang mit den Dingen an, die wirklich wichtig sind, und nicht mit denen, die dringend sind. Überlege dafür, was wirklich wichtig ist und was nur ein Kompromiss ist, mit dem Du lediglich beschäftigt bist.

„Offenheit
heißt nicht nur,
dass ich mir die Worte
des anderen anhöre,
sondern vor allem,
dass ich meinen
Standpunkt verlasse,
um die Worte des
Anderen wahrhaftig
wirken zu lassen."

Das aktive Zuhören wird als das Nonplusultra der Kommunikation bezeichnet, das sehe ich anders. Du hast beim aktiven Zuhören die Wahl, ob Du dabei aktiv oder passiv bist. Wenn Du aktiv bist, stellst Du Nachfragen, fasst die Aussagen des anderen zusammen und gibst Feedback. Bist Du passiv, hältst Du Deine Klappe, um den anderen reden zu lassen. Das klingt so weit erstmal super und nach einem scheinbar respektvollen Umgang. Es reicht dennoch nicht aus. Denn wenn Du aktiv zuhörst, bleibst Du in Deiner Perspektive und in Deinen Dogmen, in Deinem Leben.

Um die Worte des anderen nun wahrhaftig wirken zu lassen, musst Du Deine Vorstellungen und Dogmen loslassen. Du musst Deinen eigenen Standpunkt verlassen und Dich in den anderen hineinversetzen. Das bedeutet, dass Du dessen Vorstellungen, Dogmen und seine Absicht im Gespräch nicht nur verstehst, sondern kurzzeitig auch komplett übernimmst. Zusätzlich brauchst Du Empathie, Du musst Dich in den anderen hineinfühlen. So begreifst Du besser, was der andere meint und will.

Wenn Du diese Ebene der Kommunikation, das Hin-Hören, erreichst, wächst Du über das aktive Zuhören hinaus. Du verlässt Deinen eigenen Standpunkt, um den anderen zu fühlen. Erst wenn Du zum Verstehen der Gedanken des anderen die emotionale Ebene hinzuziehst, verstehst Du den anderen wahrhaftig. Du musst fühlen, um den anderen zu verstehen, um wahres Verständnis aufzubauen.

Dafür brauchst Du natürlich die Grundhaltung, dass Du Dich in den anderen überhaupt hineinfühlen und hinhören willst. Wenn Du Dich gegen diese Form der Kommunikation wehrst, bist Du wieder an dem Punkt, dass Du nur das siehst und hörst, was Du sehen und hören willst. Der andere ist dann nur Mittel zum Zweck und Du bleibst beim Zuhören.

„Du entscheidest nicht über Deine Zukunft. Du entscheidest über Deine Gewohnheiten und diese entscheiden über Deine Zukunft."

Der Wecker klingelt am Morgen, Du bist noch müde und unausgeschlafen. Du snoozt fünf Minuten weiter. Du verschenkst jeden Tag fünf Minuten an Deine Bequemlichkeit. Das ist eine halbe Stunde in einer Woche, zwei Stunden im Monat und sogar 24 Stunden in einem Jahr. Du nutzt also einen ganzen Tag im Jahr, das sind drei Arbeitstage, um morgens etwas länger im Bett zu liegen. Du bist natürlich ganz frei in Deiner Wahl, ob Du diese Zeit genießt und sie es Dir wert ist. Wenn Du Dich jedoch viel mehr mit einem schlechten Gefühl im Bett umherwälzt, nimm diese Gewohnheit in Angriff — und zwar JETZT. Denn das, was Du im Kleinen tust, tust Du auch im Großen. Die kleinen Dinge, die Du nicht schaffst, schaffst Du im Großen ebenfalls nicht. Und wie Du gesehen hast, haben selbst die kleinen Gewohnheiten große Auswirkungen. Stell Dir vor, es soll Menschen geben, die snoozen bis zu 60-90 Minuten pro Tag weiter. Hammer.

Gewohnheiten sind Handlungen, die Du in der Gegenwart umsetzt. Es sind Verhaltensweisen, die Du Dir über einen langen Zeitraum angeeignet hast. Sie sind zu festen Mustern geworden. Wenn Du Dir ein Bild Deiner Zukunft machst, stellst Du Dir Deinen Wunschzustand vor. Die Frage, die Du Dir stellen solltest, ist nicht nur, wie dieser Optimalzustand aussieht, sondern, wie Du ihn erreichst. Dafür ist es notwendig, dass Du Deine Gewohnheiten wahrnimmst und reflektierst. Anhand Deiner Reflexion schaust Du dann, ob sie eher förderlich sind für die Richtung, in die Du in Deinem Leben gehen willst, oder ob sie Dich im Erreichen Deines Ziels eher einschränken.

Analysiere, welche Auswirkungen Deine kleinen Gewohnheiten auf Dein Leben haben. Neues anzugewöhnen ist übrigens leichter, als Altes abzugewöhnen. Überlege Dir deshalb neue Gewohnheiten, die nur eine halbe Minute Deines Tages in Anspruch nehmen, die Du Dir step-by-step angewöhnst. Wer sagt denn, dass Du alte Gewohnheiten loswerden sollst? Sie sind auch für etwas gut. Baue ein Gleichgewicht auf mit richtungsweisenden Gewohnheiten und mit Gewohnheiten, die Dich eher davon abhalten, von dem, was Du in Zukunft als Gegenwart haben willst.

„Oft ist die Emotion
nur eine erinnerte
und keine aktuelle."

In etwa 95 % der Fälle erlebst Du nichts Neues, sondern Wiederholungen, Rituale und Gewohnheiten. Ein simples Beispiel: Du kennst einen Peter, der war damals richtig doof zu Dir. Bei jedem neuen Peter in Deinem Leben, wirst Du vorsichtig sein. Wie offen begegnest Du dem neuen Peter? Macht es wirklich Sinn, ihn zu meiden?

Du kennst das: Du erlebst etwas und fühlst Dich doof. Rein rational betrachtet weißt Du, dass es gar keinen Grund gibt, weshalb Du Dich doof fühlen musst. Beispielsweise bist Du zu einem Grillfest Deiner Familie eingeladen. Rein rational gesehen weißt Du, dass das eine tolle Feier ist und Du Dich glücklich schätzen solltest, dass Deine Familie so etwas organisiert. Trotzdem bist Du demotiviert, traurig und willst am liebsten zu Hause bleiben. Deine Familie hat in Deinem Unterbewusstsein einen Knopf gedrückt und etwas in Dir ausgelöst.

Wenn etwas in Dir ausgelöst wird, dann gibst Du meist demjenigen die Schuld, der den Knopf gedrückt hat. Du vergisst, dass derjenige, der den Knopf in Deinem Unterbewusstsein gedrückt hat, einfach nur den Knopf gedrückt hat. An Deiner Emotion ist er in diesem Moment nicht schuld, denn Dein Gefühl ist nur eine Erinnerung an etwas, das Du in Deiner Vergangenheit bereits erlebt hast. Emotionen sind ein Indikator, mit welchem Du messen kannst, ob Du wirklich Neues im Leben entdeckst oder in alten Mustern verharrst.

„Mangelnde Zeit ist nicht Dein Problem, sondern die fehlende Fokussierung auf das Ziel."

Du lässt Dich zu oft und zu schnell von Deinem Ziel ablenken? Du wirst einfach nicht fertig mit Deinem Projekt? Du hast das Gefühl, Deine Zeit zu vertrödeln und der Knoten platzt einfach nicht? Der Grund dafür liegt in drei Denkmustern, die es zu durchbrechen gilt.

Erstens: Es geht nicht darum, das perfekte Zeitmanagement zu haben. Die Zeit lässt sich nicht managen. Sie ist ein unbeeinflussbares Kontinuum. Das was Du managst, ist Dein Selbst. Du brauchst ein besseres und wirkungsvolleres Selbstmanagement, um Deine verfügbare Zeit nicht nur effizienter sondern ebenso effektiver zu nutzen.

Zweitens: Aufgrund unserer Erziehung und Erfahrung handelst Du häufig auf der Dringlichkeitsebene. Das heißt, Du konzentrierst Dich immer erst auf die kleinen Dinge, die schnell zu erledigen sind, damit Du ein gutes Gefühl hast. Immerhin hast Du viel geschafft. Die wirklich wichtigen Dinge, lässt Du dadurch allerdings links liegen.

Drittens: Weil Du morgens immer erst die kleinen Dinge machst, die Du schnell erledigst und die dringend (allerdings nicht wichtig) sind, fehlen Dir nach hinten raus die Zeit und die Power für die wirklich wichtigen Dinge. Du hast nach den kleinen, dringenden To-Dos das Gefühl, eine Pause zu brauchen, weil Du Dich schlapp fühlst. Du bist zu kaputt für die wichtigen und großen Dinge und denkst: „Dafür brauche ich wirklich mehr Ruhe und Energie". Oder „Das mache ich morgen als Erstes". Die Realität sieht anders aus, Du machst am nächsten Tag mit der gleichen Routine weiter.

Beim Schreiben meines ersten Buches „Tun. Erfolgsrezepte gegen die Epidemie Aufschieberitis®" ist mir genau das aufgefallen. Ich habe erst die kleinen und schnellen To-Dos erledigt, die rein gar nichts mit meinem Buch zu tun hatten. Das hat mich viel Energie und viel Zeit gekostet. Mit dem Schreiben weiterer Bücher habe ich diese Denkmuster immer besser erkannt, bis ich mit meiner Arbeit an „33 Rezepte gegen Aufschieberitis Teil 1" meinen Durchbruch erlebt habe. Ich habe konsequent und pragmatisch mit den wirklich wichtigen Dingen angefangen. Die drei Denkmuster zu erkennen und einzusetzen, schafft Fokus auf das Ziel.

„Die Dinge sind
nicht schwierig,
Du weißt nur noch
nicht, wie es geht."

Du erlebst öfter Situationen, in denen Du Dich überfordert fühlst. Denk an Deine Abschlussprüfung, Deinen ersten Job, Deine erste Partnerschaft oder an Deine ersten Trainings in Deiner Sportmannschaft. Ich bin mir sicher, dass Du in all diesen Situationen gedacht hast, „Das ist so schwierig, wie soll ich das schaffen?"

Ist Dir aufgefallen, dass Du in der Bewertung Deiner Fähigkeiten in neuen Situationen immer aus der Perspektive von Defiziten schaust? Du willst in einer Sportmannschaft spielen und gehst das erste Mal zum gemeinsamen Training. Du stellst fest, wie „schwierig" es ist, im Team mitzuhalten. Nach Deinem ersten Training wirst Du gefragt, wie Du Dich fühlst. Wahrscheinlich wirst Du beginnen aufzuzählen, was Du nicht gut kannst. In der Bewertung, wie leicht oder wie schwer eine Sache ist, gehst Du nur von Dir aus. Deine Bewertung triffst Du immer aus Deiner subjektiven Wahrnehmung heraus. Ist die Fähigkeit, um die es geht, auch objektiv gesehen schwierig? Wenn sie generell nur sehr schwer zu erlangen ist, wieso besitzen viele Leute sie dann? Deine Arbeitskollegen in Deinem neuen Job erledigen ihre Aufgaben alle mit Leichtigkeit und Bravour und brauchen viel weniger Zeit als Du. Deine Aufgaben sind also nicht schwierig, Du weißt nur noch nicht, wie Du sie am besten angehst. Deine wachsende Erfahrung macht deinen Job nicht leichter, Du hast einfach nur begriffen, was Du zu tun hast.

Deine Bewertung basiert immer auf der Vergangenheit. Und es ist richtig: In der Vergangenheit hast Du es noch nicht hinbekommen. Ist es denn möglich, dass Du es in Zukunft hinbekommst? Sicher ja. Also, was fehlt Dir dazu noch? Baue das Wort „noch" immer vor das Wort „nicht" ein. Du kannst es *noch* nicht! Das Wort „noch" gibt Zuversicht, es öffnet, es bedeutet, dass es nicht abgeschlossen ist, dass es wieder möglich, dass Du es hinbekommst. Du weißt halt nur noch nicht wie. Es geht nicht darum, zu überlegen „Was kann ich schon?", sondern, „Was brauche ich NOCH?"

„Sprich nicht mit Leuten, mit denen Du nicht sprechen willst, über Sachen, die Dich nicht interessieren."

Du kennst das. Du triffst eine Person, die Du kennst, im Supermarkt, im Hausflur, oder auch auf der Arbeit und an die Begrüßung schließt sich ein Gespräch an. Eigentlich hast Du gar keine Zeit, zu reden, weil Du in Eile bist, Du bleibst trotzdem stehen und unterhältst Dich. Warum lässt Du das zu? Einerseits ist es das Gefühl, dass Du höflich sein musst. Du hast von Deinen Eltern und in der Schule gelernt, dass Du immer nett antworten sollst, wenn Dich jemand anspricht. Das Bedürfnis nach Harmonie und Frieden wurde Dir tief in Dein Unterbewusstsein eingepflanzt, so dass Du Dich auch heute nicht traust, ein Gespräch schnell zu beenden. Ist es allerdings wirklich Höflichkeit oder doch einfach nur Deine Unterwürfigkeit?

Es gibt einen zweiten Grund für Dein Verhalten und der liegt bei Dir selbst. Du hältst Dich und Deine Zeit für nicht so wichtig, dass sie von anderen verschwendet werden darf. Fakt ist, Deine Lebenszeit ist begrenzt. Werde Dir darüber bewusst, wofür Du Deine Lebenszeit nutzen willst. Da geht es beispielsweise um die grundlegende Frage, welchen Job Du machst. Allerdings geht es auch um die kleinen Momente, wie die Nachbarin im Hausflur oder Dein Arbeitskollege — Du bestimmst, wie viel Lebenszeit Du in welchen Menschen investierst. Du darfst Gespräche beenden, wenn Du merkst, dass Du sie nur aus Höflichkeit führst oder lieber etwas anderes tust.

„Nur wenn Ordnung
in Deinem Kopf ist,
dann ist auch Ordnung
in Deinem Leben."

Kennst Du das, wenn Du so ein inneres Gefühl von Unsicherheit hast, dann fängst Du plötzlich an, aufzuräumen. Deine Wohnung, Deinen Arbeitsplatz, Deinen Schreibtisch, Deinen Keller, ... Irgendwas räumst Du auf, Du versuchst Ordnung zu schaffen. Diese Umsetzung dient dazu, Dein Sicherheitsbedürfnis zu befriedigen. Es ist allerdings ein Trugschluss, dass die Klarheit im Außen auch Klarheit im Inneren schafft. Denn in Wahrheit ist diese äußere Klarheit keine Klarheit, sondern nur eine Ordnung, die im Innen durchaus das Gefühl schafft, dass alles in Ordnung ist. Dieses gute Gefühl ist eine bessere Voraussetzung auch im Innen Ordnung zu schaffen. Die Frage ist allerdings, wie viele gehen wirklich aus ihrem guten Gefühl heraus und ordnen ihr Chaos dann wirklich im Kopf? Die meisten bleiben nur im guten Gefühl und handeln dann nicht. Deshalb sage ich ganz klar: Dieses Gefühl ist ein Trugschluss.

Wie würdest Du allerdings mit den Dingen im Außen umgehen, wenn Du Dich richtig sicher fühlst, sprich, wenn alles gut ist? Dann wirst Du wahrscheinlich auch ganz andere Dinge in Erwägung ziehen. Oder die Dinge, die Du auf dem Plan hast, ganz anders gestalten.

Wenn Du zum Beispiel innerlich Angst hast, wirst Du schauen, dass Du lediglich Deine Angst bewältigst oder sie in diesem Moment in den Griff bekommst. Was wirst Du allerdings tun, wenn Du keine Angst hast? Denn entdeckst Du neue Potenziale und Möglichkeiten.

„Viele Menschen ziehen
die Unzufriedenheit
der Unsicherheit vor."

Dieser Denkfehler beruht auf Bequemlichkeit. Du machst es Dir gemütlich, auch wenn du nicht glücklich bist. Du bist zumindest zufrieden mit der Situation. Selbst wenn Du unzufrieden bist: Du weißt, woran Du bist. Diese Gewissheit willst Du nicht aufgeben. Ich sehe es oft an Arbeitnehmern. Ihnen gefällt die Arbeit nicht, sie fetzt einfach nicht, sie bleiben trotzdem. Die nächsten zwanzig Jahre halten sie auch noch aus. Denn sie bekommen immerhin mit jedem Jahr, das sie länger im Unternehmen bleiben, einen Bonus. Eine regelmäßige Erhöhung des Schmerzensgeldes, das ihnen die Arbeit erträglich macht.

Ähnlich ist es bei Paaren, die schon dreißig Jahre verheiratet sind. Glücklich und verliebt sind sie schon lange nicht mehr. Ihre Situation nehmen sie hin, da der andere sich sowieso nicht mehr ändert. Sie resignieren: "Es ist halt so! Einen anderen oder sogar besseren Partner finde ich jetzt eh nicht mehr." Sie bezweifeln, dass sie wirklich noch Mal von vorn beginnen wollen. Sicherheitshalber bleiben sie dann im sicheren Hafen, auch wenn sie unzufrieden sind und jammern weiter. Sie scheuen die Unsicherheit mehr, als Unzufriedenheit und nehmen die Dinge wie sie sind, auch wenn sie nicht schön sind.

Unzufriedenheit ist erstmal nur ein Gefühl. Du sagst: "Ich bin heute unzufrieden mit meinem Tag. Morgen sieht die Welt schon anders aus". Unsicherheit hingegen birgt das Risiko der Gefahr, das ist existenziell. Da lobst Du Dir doch das beschissene Gefühl, überlebst und weißt, woran Du bist. Das ist immer noch besser als das Risiko, dass es schlimmer kommt oder gar richtig böse endet.

Was Du brauchst, ist nicht Hoffnung, sondern Zuversicht. Mit der Zuversicht wächst Dein Mut. Und ja: Du brauchst Mut, wenn Du etwas anders oder bessermachen, neue Wege gehen, Dich anders als sonst verhalten und wenn Du neu denken willst. Denn das verursacht Chaos in Deinem Kopf, dem Du Dich stellen musst. Du brauchst den Willen, den viele nicht haben, um Dich mit Unsicherheit und Ungewissheit in Deinem Kopf und in Deiner Außenwelt zu konfrontieren. Was Du für diesen Mut bekommst, ist die Möglichkeit, wahrhaftig glücklich zu werden.

„Wenn Du bekommst,
was Du willst,
gibst Du auch gern."

Das Thema geben und nehmen begleitet Dich seit Deiner Kindheit. Bereits Deine Eltern haben Dir beigebracht, dass Du nicht nur nimmst, sondern auch gibst. Von Deiner Persönlichkeit hängt ab, ob Du gerne nimmst und ob Du gerne gibst. Hinzu kommt, ob Du gern gibst, bevor Du etwas bekommst oder ob Du nach dem Prinzip handelst, immer erst etwas zu wollen, ehe Du etwas gibst. Es gibt unterschiedliche Meinungen, welche Haltung die bessere sei.

Am Beispiel des Löwen wird diese Frage ganz klar beantwortet. Stell Dir zwei Löwen vor und überlege, welcher der beiden eher teilt: Einer der Löwen ist hungrig, der andere ist satt. Der Löwe, der hungrig ist, hat zwar Verständnis für einen anderen hungrigen Löwen, er wird trotzdem zuerst schauen, dass er bekommt, was er möchte und braucht. Der Satte hat sein Bedürfnis gestillt und ist eher bereit, mit einem anderen zu teilen.

So agieren Du und Deine Mitmenschen auch. Stell Dir Deinen Mitmenschen, der etwas bekommen will, als einen hungrigen Löwen vor. Wenn Du weißt, dass er hungrig ist, dann gib ihm doch, was er möchte, auch wenn das für Dich bedeutet, dass Du zunächst in Vorleistung gehst. Dann ist die Chance größer, dass Du etwas zurückbekommst. Zusätzlich besteht eine hohe Wahrscheinlichkeit, dass der andere das freiwillig macht und Du sogar mehr bekommst, als Du erwartest oder denkst. Der Mensch möchte meist erst etwas haben, bevor er gibt. Diese Tendenz kannst Du nutzen, um Interessenkonflikte zu verringern und selbst Vorteile daraus zu ziehen. Die Frage ist, wer fängt an und wer ist eher der Gebende?

„Dein Gewissen
ist die Stimmgabel,
ob Du im Einklang
mit Deinen
Prinzipien lebst."

Prinzipien sind Grundsätze, nach denen Du handelst, zum Beispiel: „Behandle andere so, wie Du selbst behandelt werden willst", „Liebe Deinen Nächsten" oder „Erst die Arbeit, dann das Vergnügen". Dein Ziel ist es, integer zu sein. Integer sein, leitet sich von dem Wort Integrität ab und heißt, dass Du möglichst im Einklang mit Deinen Prinzipien handelst. Ein integrer Mensch hält fortwährend die Übereinstimmung des persönlichen Ideals und der persönlichen Werte mit dem eigenen Reden und Handeln aufrecht. Du hast selber schon gesagt, „Es geht mir hier ums Prinzip!", diese Aussage zeigt, dass Du mit Dir einstimmig sein willst. Die Frage bleibt, ob die Ergebnisse dieser Prinzipien wirklich das liefern, was Du willst.

Immer wenn Du unstimmig in Deinem Denken und Handeln bist, springt Dein Gewissen an. Es ist eine Instanz in Deinem Bewusstsein, die bestimmt, wie Du urteilst. Es drängt Dich dazu, bestimmte Handlungen aus ethischen, moralischen oder intuitiven Gründen zu tun oder zu unterlassen. Handelst Du nach Deinem Gewissen, fühlst Du Dich gut, tust Du es nicht, fühlst Du Dich schlecht.

Dein Gewissen ist die Instanz, die abwägt, inwieweit Du nach Deinen Prinzipien handelst und mit Dir einstimmig bist. Damit ähnelt Dein Gewissen einer Stimmgabel. Eine Stimmgabel dient der Fixierung und Bewahrung einer absolut gleichen Tonhöhe. In einem Orchester orientieren sich alle Musiker mit ihren Instrumenten an diesem Ton. Wie die Stimmgabel als Instrument dient, um den richtigen Ton zu treffen, so ist Dein Gewissen Dein Instrument, ob Dein Handeln einstimmig mit Deinen Prinzipien ist.

„Wer kontrolliert,
wird kontrolliert."

SPRÜCHEKLOPFER? Inspiration durch Provokation SPECIAL EDITION 1

„Kontrolle ist gut, Vertrauen ist besser" – kennst Du diesen Satz? Dein Bedürfnis nach Kontrolle resultiert aus Deiner Angst und aus Erfahrungen des Missbrauchs Deines Vertrauens. Immer wenn Du Deinem Bedürfnis nach Kontrolle nachgibst und Deinem Umfeld Vertrauen entziehst, bist Du derjenige, der am allerstärksten kontrolliert wird. Nämlich von Deiner eigenen Angst und Deinen Erfahrungen. Das, was Du machst, ist, dass Du Deine Erfahrungen an andere Menschen weitergibst und ihnen absprichst, individuell und wirksam zu sein. Du steckst im Teufelskreis der Kontrolle fest.

Ich denke noch an ein weiteres Beispiel. Thomas Tuchel, ehemaliger Trainer von Borussia Dortmund, sagte in einem Interview, dass er gern öffentliche Trainings macht. Der Gedanke, den er dabei verfolgte, ist der folgende: „Wenn der Gegner weiß, wie wir spielen werden, dann wird sich der Gegner genau darauf einstellen. Wenn ich wiederum weiß, worauf er sich höchstwahrscheinlich einstellt, weiß ich, worauf ich mich wiederum einzustellen habe, um das Spiel zu gewinnen". Diese Aussage ging mir lange durch den Kopf, und krass, ja, sie stimmt! Coole Herangehensweise.

Als kontrollierender Mensch bist Du in einer Misserfolgserwartung gefangen: Was hat Dein Angestellter wieder falsch gemacht? Hat sich Dein Partner korrekt verhalten? Du gehst in dieser Haltung grundsätzlich davon aus, dass Du kontrollieren musst und mit mangelhaften Ergebnissen oder sogar Vertrauensbrüchen rechnen musst. Du lebst ganz nach der Devise: Vertrauen ist gut, Kontrolle ist besser. Wenn Du jemanden kontrollierst, dann ist er Dein Referenzwert. Du orientierst Dich an der Person und dem, was Du kontrollierst und legst Deinen Fokus auf die Kontrolle und nicht auf die Möglichkeiten.

„Die meisten sind lediglich beschäftigt und nicht wirklich produktiv."

Beschäftigt bist Du, wenn Du glaubst, wirklich produktiv und proaktiv zu sein, es in Wirklichkeit jedoch nicht bist. Du beschäftigst Dich mit Dingen, die gemacht werden müssen und auch wichtig sind. Es sind die Dinge, die nicht besonders leicht und auch nicht besonders schwer sind. Das ist eine Beschäftigung mit den Dingen im Mittelfeld, eher ein Kompromiss. Wenn Du beschäftigt bist, bist Du nur reaktiv. Du erledigst die Dinge, die Dir aufgetragen werden oder die Du Dir selbst auferlegst. Es sind Dinge, die schon gemacht werden müssen und dem großen Ganzen dienen, halt nur nicht mit dem großen Effekt. Kompromiss-To-Dos gehören einfach dazu.

Was heißt es hingegen, produktiv zu sein? Du verwechselst Produktivität mit Effizienz und Effektivität. Effizient zu sein heißt, dass Du mit möglichst wenig Aufwand möglichst schnell ans Ziel kommst. Effektivität bedeutet, dass Du ein geiles Ziel erreichst, egal, wie hoch der Aufwand ist. Produktivität ist die Summe aus Effizienz und Effektivität. Produktiv zu sein heißt, effizient und effektiv zu sein, also ein geiles Ergebnis mit einem adäquaten Einsatz zu bekommen.

Was bringt es, bei Themen effizient (also schnell) zu sein, wenn es keine große Wirkung hat. Das heißt, wenn Du nur kleine Dinge tust, mit denen Du Dich beschäftigst, hast Du zwar viel geschafft, allerdings nichts wirklich bewegt. Bewegst Du hingegen die wahrhaft großen Sachen, bewegst Du in dieser einen großen Sache viel und in den kleinen Sachen eher wenig. Jedoch sind ebenfalls die kleinen To-Dos wichtig und notwendig. Es ist Deine Herausforderung, das passende Verhältnis für Dein Ziel zu definieren.

„Nur nett sein,
ist auch keine Lösung."

SPRÜCHEKLOPFER? Inspiration durch Provokation   SPECIAL EDITION 1

Was bringt es Dir, wenn Du immer nur ja und Amen sagst und immer nur klein beigibst? Du gibst oft klein bei, um mit anderen Frieden zu schließen und das gute Gefühl von Harmonie zu bekommen. Was bringt es Dir, ein gutes Gefühl zu haben, wenn Du doch nicht ans Ziel kommst? Denn, wenn Du Dich und Deine Bedürfnisse immer wieder untergräbst, um Harmonie zu schaffen, hast Du zwar kurzfristig ein gutes Gefühl, auf lange Sicht stehst Du jedoch nie für Deine Bedürfnisse, Wünsche und Träume ein. Das macht Dich auf Dauer unglücklich.

Es wird oft gesagt, dass „nett" der kleine Bruder von „Arschloch" sei. Das sehe ich persönlich sehr differenziert, das Eine muss mit dem anderen nichts zu tun haben, kann es allerdings.

Worauf ich hinaus möchte: Nur nett zu sein, in dem Sinne, dass Du Dich selbst und Deine Meinung untergräbst, um Frieden zu wahren, ist nicht immer die beste Lösung. Du bist kein Arschloch, wenn Du es anders machst und nicht nur nett bist. Du umgehst das Arschloch-Sein, indem Du beim anderen nachfragst: „Möchtest Du, dass ich höflich bin, oder dass ich meine eigene Meinung habe?", oder, „Möchtest Du, dass ich nett zu Dir bin, oder dass wir vorwärts kommen?" Mit diesen Fragen machst Du deutlich, dass Du eine persönliche Meinung vertrittst, ohne sie provokant nach außen zu tragen. Du lässt dem anderen immer die Wahl, ob er Deine Meinung hören möchte oder nicht. Du holst Dir mit seiner Antwort nicht die Legitimation, Deine Gedanken äußern zu dürfen, nur ob er sie hören möchte. Du hast keinen Grund mehr, Dich für Deine Meinung zu verstecken. Auch die Verknüpfung von beidem ist möglich. Es ist möglich, dass Du höflich bist und zugleich Deine eigene Meinung hast. Die Frage ist nur, wie Du beides verbindest. Das erreichst Du durch wertschätzendes Feedback und indem Du Deine positive Absicht ausstrahlst, weil Du weißt, was Du selbst möchtest und Dich bei aller Höflichkeit nicht selbst unterdrückst.

„Die Zeit zu managen,
ist ein Irrglaube.
Es liegt nur in Deiner
Hand, wie Du sie
nutzt und Dich selbst
managst."

Du kennst das: Alle Arbeitstage sind gleich lang. Es gibt Tage, an denen Du mehr schaffst und Dich besser fühlst. Es gibt allerdings auch Tage, an denen Du kaum etwas schaffst. Das hat dann rein gar nichts damit zu tun, wie viel Zeit Du hattest. Du hast sie an dem einen Tag einfach viel besser genutzt, als am anderen. Du hast nicht die Zeit besser gemanagt, sondern Dich selbst. Wenn Du Dich selbst besser managen willst, musst Du herausfinden, wie Du Deine Potenziale noch besser ausschöpfst. Wie schaffst Du es, das Gute noch besser zu machen, statt nur zu schauen, was scheiße läuft?

In den letzten Jahren habe ich durch meine zahlreichen Seminare gelernt, dass Du das, was Du tust, versuchst zu optimieren, anstatt zu überlegen: Wie tust Du weniger von dem, das Dich vom optimalen Zeitmanagement abhält? Das ist Dein Störfaktoren-Management. Sprich, wie gehe ich mit meinen Zeitfressern um? Was stört Dich und hält Dich von der Arbeit ab? Führe eine Liste, auf der Du alle Störquellen dokumentierst und schalte eine nach der anderen ab. Das klingelnde Telefon reißt Dich jedes Mal aus Deiner Konzentration? Denk über Telefonzeiten nach. Dein quasselnder Arbeitskollege hält Dich von der Arbeit ab? Vereinbare mit ihm eine feste Pausenzeit und erkläre, warum Du alle anderen Gesprächsversuche abblocken wirst.

Selbstmanagement bedeutet auch, dass Du Verantwortung für Dich selbst übernimmst. Du bist aktiv in der Gestaltung Deines Verhaltens und Deiner Gewohnheiten. Dich selbst zu managen erfordert zugleich, dass Du Dein persönliches Qualitätsmanagement, also regelmäßige Reflexion, etablierst. Dein Denken überdenkst und Dein Verhalten danach richtest.

„Wenn Du nichts machst, geht es Dir zwar nicht schlechter, doch wenn Du es machst, geht es Dir besser."

Oftmals ziehst Du die Unzufriedenheit der Unsicherheit vor. Darüber gibt es in diesem Buch auch einen weiteren Spruch: „Denkfehler: Viele Menschen ziehen die Unzufriedenheit der Unsicherheit vor." Es gibt auch noch einen weiteren Blickwinkel. Sprich: Du hast eine mögliche Chance. Wenn Du sie ergreifst, bringt sie Dich extrem vorwärts und viele Vorteile. Bevor Du die Chance ergreifst und einfach loslegst, beginnst Du zwischen Positivem und Negativem abzuwägen. Du fragst Dich, ob es das wirklich bringt oder nicht. Du versuchst, Aufwand und Nutzen aufzurechnen und herauszufinden, ob es die Kosten wert ist. Das Gedankenkarussell dreht sich immer schneller und mit jeder weiteren Pro-Kontra-Liste wirst Du unsicherer. Von Klarheit bist Du weit entfernt.

Der Prozess ewigen Abwägens hilft Dir nicht dabei, klarer zu denken. Du wägst ja nur auf der emotionalen Ebene ab. Solange Du Dich auf dieser Ebene bewegst, wirst Du Deine Chancen und Möglichkeiten nicht ergreifen. Das liegt daran, dass Dein Gefühl nach Sicherheit strebt. Du handelst unterbewusst nach dem Motto: Wenn ich nichts mache, dann passiert mir auch nichts. Wenn Du das tolle Jobangebot nicht annimmst, dann gibst Du Deine sichere Arbeitsstelle nicht auf. Du behältst Deine Sicherheit und nimmst zugleich die Unzufriedenheit, die Dich ja erst dazu bewegt hatte, nach einem neuen Job zu suchen, einfach hin. Es könnte ja sogar noch schlimmer kommen.

Wenn Du Möglichkeiten ergreifst, dann kann das eine Chance sein, zugleich jedoch auch ein Risiko. Der neue Job kann sich als weniger toll herausstellen, als erwartet und Du sehnst Dich nach der Sicherheit Deines alten Jobs. Weil Du auf der emotionalen Ebene unterwegs bist, die Neues eher vermeidet, gehst Du den leichteren und sichereren Weg. Suchst Du die Ebene der Möglichkeitsgestaltung, brauchst Du Distanz zu Deinen Emotionen und eine Portion Risiko- und Entwicklungsbereitschaft.

„Prüfe stets, ob Du Fakten präsentierst oder einfach nur Deine Meinung äußerst."

Sei es im beruflichen oder im privaten Kontext, oft wirst Du gebeten, zu einem Sachverhalt oder einer Situation Stellung zu beziehen. Beobachte Dich selbst dabei, wie Du auf die Frage nach einem Ratschlag von Deinem Freund oder auf die Projektentwicklung in Deinem Team reagierst. Beantwortest Du die Nachfrage lediglich mit Deiner Meinung oder mit Fakten? Mir ist es selber auch schon oft passiert, dass ich auf eine Frage antworten musste: „Ich weiß es nicht! Ich kann Dir keine Antwort geben. Ich kann Dir nur meine Meinung sagen, ich weiß allerdings nicht, ob das gut geht oder nicht. Ich weiß nicht, was Du machen sollst."

Es ist gut, dass Du eine Meinung hast. Sie entwickelt sich aus Deinen Erfahrungen und Erlebnissen. Damit ist sie ein höchst individuelles Konstrukt. Deine Meinung muss nicht immer zu den Erfahrungen und Einstellungen des anderen passen. Will Dein Freund einen Rat für seine Partnerschaft, dann frage ihn zunächst, ob er Deine Meinung, oder Fakten hören will.

Genauso ist es auch mit den Fragen rund um berufliche Projekte. Hier musst Du den Spagat zwischen persönlicher Meinung und Fakten schaffen. Wird beispielsweise über den Bereich Marketing diskutiert und welche Sozialen Medien genutzt werden sollen, sagt Deine persönliche Meinung, basierend auf Deinem eigenen Nutzerverhalten, nichts aus, wenn Du nicht zur typischen Zielgruppe gehörst. Du argumentierst nur schlagfertig, wenn Du Dich mit den grundlegenden Fakten, also den realen Zugriffszahlen der Nutzer, auseinandersetzt und mit diesen arbeitest. Deine persönliche Haltung spielt keine relevante Rolle.

Deine Herausforderung ist abzuwägen, was in der Situation wirklich notwendig ist: Fakten oder Deine Meinung.

„Du lachst meist nicht zweimal über ein und dasselbe, aber Du weinst immer wieder wegen ein und derselben Sache."

Du kennst das: Du hörst einen Witz, den Du so witzig findest, dass Du gar nicht mehr aufhören kannst, zu lachen. Hörst Du ihn ein zweites oder drittes Mal, wirst Du bei weitem nicht so herzhaft lachen, wie beim ersten Mal. Genauso ist es bei Filmen. Wenn der erste Film einer Reihe super klasse ist, sind die Fortsetzungen meist nicht so toll.

Und wie ist das mit negativen Erlebnissen? Du hattest mehrere Jahre lang eine tolle Partnerschaft, bis ein Problem aufgetreten ist, das zur Trennung führte. Wenn Du an die Partnerschaft denkst, fällt Dir immer erst das schlimme Ende ein. Willst Du an die schönen Erlebnisse und Erfahrungen zurückdenken, fügst Du gedanklich immer hinzu: „Das war, bevor alles schief gegangen ist."

Negative Erlebnisse hast Du so klar vor Augen, als wären sie Dir erst gestern widerfahren. Sie haben Ängste in Dir entwickelt, bestimmen Deine Gedanken und damit auch Dein Tun. Du rufst sie Dir bewusst und unbewusst immer wieder in Erinnerung und lässt Dich von ihnen noch heute emotional beeinflussen. Dich am Negativen zu orientieren und daran festzuhalten, ist eine Selbstschutzfunktion, eine ganz alte Überlebenstaktik. Heutzutage brauchst Du diese Überlebenstaktik allerdings nicht mehr, Du überlebst ja.

Du willst Dich vor einer erneuten Enttäuschung schützen, zum Beispiel in einer neuen Partnerschaft. Positive Erwartungen und Zuversicht lehnst Du ab, weil Du im Nachhinein, wenn es doch nicht klappt, nicht enttäuscht sein willst. Aus dieser Haltung heraus siehst Du weder Dein ganzes persönliches Potenzial noch die unzähligen tollen Möglichkeiten, die Dein Leben bietet. Du begibst Dich gern in Dein negatives Gefühl, weil Du dann passiv bleibst und nichts tun musst, um Deinen Zustand zu ändern.

Du legst Deinen Fokus fest: Wie lange und in welcher Art lässt Du Dich von Erlebnissen beeinflussen? Willst Du eher Angst haben, das Risiko scheuen und Dich selbst klein halten? Oder willst Du lieber mutig sein, Dich Deinen Erfahrungen stellen und mehr Raum für Möglichkeiten in Deinem Leben schaffen?

„Erkenntnis ist nur der erste Schritt, nicht die Zielerreichung."

Wie oft hattest Du Schon Einsichten und Erkenntnisse bei anderen und vor allem auch bei Dir selbst? Und wie viele hast Du davon wahrhaftig genutzt? Einerseits, um eine Bestätigung dafür zu haben, wie Du Dinge machst? Wie oft hast Du andererseits Einsichten genutzt, um Dinge definitiv anders zu denken und anders zu tun? Du hattest sicher schon die Erkenntnis, dass Du Dich mehr bewegen und Sport machen musst. Acht Stunden im Job zu sitzen, tut Deinem Körper nicht gut und er gibt Dir ganz klare Zeichen dafür. Hast Du tatsächlich mit Sport als Ausgleich angefangen? Und wie lange hast Du durchgehalten, regelmäßig hinzugehen?

Du kennst das Sprichwort: „Einsicht ist der erste Schritt zur Besserung." Ich füge gern hinzu: „... mehr auch nicht." Erkenntnis selbst ist grundlegend gut. Die Einsicht in Dinge, die passiert sind und in Dinge, die Du denkst, sind notwendig, um zu reflektieren. Durch Deine Selbstreflexion bekommst Du neue Sichtweisen.

Nur eine Einsicht zu haben, ist das Gleiche, wie eine Wahl zu treffen. Deine Wahl bringt so lange gar nichts, wie Du diese nicht in Taten umwandelst. Erst, wenn es eine Entschiedenheit ist, also die Sache umgesetzt wurde, hat sie ihre Daseinsberechtigung. Genauso verhält es sich auch mit Einsichten und Erkenntnissen. Erst, wenn Du sie umsetzt, sind sie entschieden. Ansonsten ist es einfach nur ein netter Gedanke, den Du hast. Wie viele nette Gedanken hattest Du schon und wie oft hast Du dann Deinen süßen Arsch bewegt?

„Wir verzerren unsere Wahrnehmung, damit unser Weltbild widerspruchsfrei bleibt."

Du gestaltest Dein Weltbild in Deinen Gedanken immer widerspruchsfrei. Deine Wahrnehmung ist selektiv, was heißt, dass Du unterbewusst immer nach Mustern suchst, um die Informationen besser in Dein bestehendes Wissen einzuordnen. Du siehst die Dinge, wie Du sie sehen willst und siehst Dinge nicht, die Du nicht sehen willst. Du redest die Dinge, wie Du sie brauchst, damit Du sie selbst weiter glauben kannst. Argumente, die Deine Position eher stützen, nimmst Du mehr wahr, als die, die sie nicht stützen. Die Wahrnehmung zu verzerren heißt, dass Du die Dinge so schräg siehst, dass sie sich für Dich wieder gerade anfühlen.

Um solche Situation mit einem klareren Blick zu beurteilen, musst Du immer wieder aus anderen Blickwinkeln schauen und Deine eigenen Muster verlassen. Mach Dir bewusst, dass Deine Wahrnehmung selektiv ist und aus dieser heraus Schlüsse über das Beobachtbare hinaus ziehst.

Auch wenn jemand einen völlig anderen Blickwinkel hat, ist das total in Ordnung. Selbst, wenn der andere die Dinge völlig anders sieht als Du, dann muss das unbedingt in Ordnung sein. An dessen Perspektive ist auch was dran, egal, ob es für Dich stimmt oder nicht. Denn sonst gehst Du nach Recht und Unrecht.

„Bringe die Dinge
nicht zu Ende,
weil Du diese
angefangen hast,
sondern weil sie
weiterhin Sinn machen.
Alles andere ist reine
Beschäftigungs-
maßnahme."

- Du machst Dinge weiter, weil Du sie einmal angefangen hast.

- Du hast schon zu viel Geld in ein Projekt gesteckt.

- Du bist schon so lange in einer Partnerschaft.

- Die Freundschaft hält bereits viele Jahre.

- Du hast schon so viel Geld in den Hausbau gesteckt.

- Du hast schon 4 Semester studiert.

Mach Dinge nicht zu Ende, ziehe sie nicht bis zum Schluss durch, weil Du einfach schon lange dabei bist und bereits Energie, Zeit und Geld investiert hast. Wenn es nicht den Sinn erfüllt und nicht in die Richtung geht, die Du in Deinem Leben gehen möchtest, brich lieber ab. Sonst ist es eine reine Beschäftigungsmaßnahme. Mach nur das weiter, was Du wirklich willst.

Frag Dich ganz bewusst, was Du in Deinem Leben erreichen und erleben möchtest und weniger, was Du tun willst. Das Tun ergibt sich aus Deinem Ziel. Welche Fähigkeiten willst Du haben? Wer willst Du sein? Nur mit Deinem Ziel vor Augen schätzt Du realistisch ein, ob das, was Du machst, für dich wirklich Sinn macht. Mach Dir bewusst, dass Deine Lebenszeit begrenzt ist. Jeder einzelne Tag, an dem Du Dich mit weniger als etwas Sinnvollem zufrieden gibst, ist ein verlorener.

„Nimm positives Feedback, ein Lob oder ein Kompliment ungefiltert an. Zerstöre es nicht durch Deine Selbstkritik."

Du kennst solche Situationen. Dein Partner sagt Dir, dass Du heute tolle Haare hast, Du sagst: „Naja, es geht, ich wollte sie eigentlich noch hochstecken" – Nein! Sie sind schön! Oder: Du hast super lecker gekocht und alle loben das Essen. Deine Antwort ist: „Naja, eigentlich wollte ich ja noch einen Nachtisch machen, das habe ich nicht mehr geschafft" – Nee, es schmeckt allen gut und fertig. Im Arbeitskontext ist es genauso. Du unterstützt Deinen Kollegen, der sich herzlich bei Dir bedankt und Deine Fähigkeit lobt. Du wehrst das Lob ab und sagst: „Ach, mit etwas Übung kannst Du das auch, das ist nichts Besonderes" – Stopp! In diesem Moment warst Du diejenige, die die nötigen Fähigkeiten hatte und hast damit Deinem Kollegen geholfen. „Danke, gern geschehen!" ist die passende Antwort.

Du zerstörst positives Feedback, Lob und Komplimente immer wieder durch Deine eigene Selbstkritik und dem vorherrschenden Demut-Dogma. Damit projizierst Du Deine Haltung Dir selbst gegenüber auf andere. Wenn Dir ein anderer Mensch ein Lob ausspricht oder ein Kompliment macht, geht es allerdings nicht darum, was Du über Dich denkst. Es geht um das, was der andere über Dich denkt. Findet der andere Dich heute einfach schön und Deine Kochkunst oder Deine Arbeit wird gelobt, dann ist das die Wahrnehmung des anderen, die für ihn wahr ist. Das, was Dir von Jemandem gesagt wird, stimmt in diesem Moment. Nimm es an, so wie es ist. Du bist ein toller Mensch. „Ja, ich weiß."

„Erfolg braucht mehr
als nur Talent, Willen
und Fähigkeiten.
Das Wichtigste
ist Disziplin."

SPRÜCHEKLOPFER? Inspiration durch Provokation SPECIAL EDITION 1

Nur Talent zu haben, hilft nicht. Nur den Willen zu haben, reicht nicht. Allein Fähigkeiten zu haben, genügt auch nicht.

Nicht nur der Fleißige überholt den Talentierten, auch der Willige überholt den Talentierten, der nicht willig ist. Was bringt es Dir, fleißig zu sein, wenn Du kein Talent hast. Was bringt es Dir talentiert zu sein, wenn Du die Fähigkeiten nicht hast, es umzusetzen. Was bringt es Dir, wenn Du Willen hast, aber keine Fähigkeiten.

Und was passiert, wenn Du alle drei Dinge hast — Talent, Wille, Fähigkeiten — und keine Disziplin? Es reicht nicht, es braucht alle viere. Nur mit allen vieren hast Du wirklich Erfolg.

Die wirklich relevanten Fragen sind: Wo willst Du hin und was brauchst Du dafür? Was hast Du schon und wie kommst Du an das ran, was Du noch nicht hast und dafür brauchst? Was kannst Du und wo liegen Deine Talente und Deine Fähigkeiten? Die Antworten auf diese Fragen geben Dir einen klaren Weg zur Zielerreichung. Sobald Du den Weg kennst, gilt mein Grundsatz: Klarheit, Wille und absolute Disziplin. Das eine kann nicht ohne das andere. Fehlt eins davon, wird es extrem aufwendig und anstrengend.

„Den größten Gegner
Deiner persönlichen
Weiterentwicklung
siehst Du morgens
im Spiegel."

Über den Gegner der persönlichen Weiterentwicklung habe ich während der Arbeit an meinem zweiten Buch „Aufschieberitis® – Die Volkskrankheit Nr. 1" nachgedacht. Zu dieser Zeit hat mein lieber Kollege Dr. Stefan Frädrich – ein toller Mensch, Coach und der Macher von Gedankentanken – Günther den Schweinehund erfunden. Es ging zu der Zeit der Schweinehund-Hype rum und noch heute wird gefragt, wie Du Deinen Schweinehund besiegst. Die Frage ist, wer ist dieser innere Schweinehund überhaupt?

In einem Vortrag vor über 500 Menschen ist es dann aus mir rausgeplatzt. Im Dialog mit einem Teilnehmer aus dem Publikum sagte ich: „Die Sau, die Du jeden Morgen im Spiegel siehst, das bist Du selbst! Es gibt keinen inneren Schweinehund. Der einzige, der dich wirklich einschränkt, bist du selbst!" Zack, das Ding hat wirklich gesessen, verdutzte Gesichter inklusive. Ich wusste einen Moment nicht, ob sie mich rausschmeißen oder ob wir weitermachen.

Warum ich das denke? Naja, Du bist Dir Deiner Selbstwirksamkeit nicht bewusst und denkst Dir: „Ich kann doch nichts dafür!" Tatsache ist, dass die anderen auch nichts für das können, was Du nicht tust. Es muss ja einen Dämlichen geben, dem Du die Schuld dafür gibst, dass Du es nicht einfach tust. Das ist dann der Schweinehund. Er ist der faule Teil in Dir. Die anderen können nichts dafür und Dir fehlen Selbstakzeptanz und Selbstrespekt.

Erkenne die Glaubenssätze, die eher hinderlich für Dein Ziel sind. Finde heraus, welche neuen Glaubenssätze Du brauchst, die förderlich für Dein Ziel sind. Ach ja und liebe Dich – inklusive Schweinehund.

„Du bist rücksichtsvoller, wenn Du jemanden unterbrichst, als vorzutäuschen, Du würdest zuhören."

Wenn Du nur vortäuschst, zuzuhören, bist Du nur eine Stufe weiter, als derjenige, der seinen Gesprächspartner ignoriert. Ignoranz zeigt offen, dass Du nicht gewillt bist, mit der anderen Person zu sprechen. Dir ist bewusst, dass Ignoranz die niedrigste Form der Kommunikation ist, denn sonst würdest Du sie nicht regelmäßig als eine Strafe verwenden. Nun wirst Du sagen, dass es dann doch viel besser, höflicher und angemessener ist, wenn Du Deinem Gegenüber ab und an einfach nur vorspielst, Du würdest zuhören. Mit dem „So-tun-als-ob" bestrafst Du den anderen mehr, als wenn Du ihn ignorierst, denn dann weiß derjenige zumindest gleich Bescheid.

Fakt ist, dass es Dir regelmäßig passiert, dass Du dem anderen ein stetiges bejahendes Nicken, ein „Aha...", „Mmh!" oder ein „Ja, mh ja!" entgegenbringst. Du suggerierst dem anderen nur, Du würdest zuhören, obwohl Du gedanklich Deinen Tagesplan und Deine Einkaufsliste durchgehst oder what ever.

Dir wurde sicher schon gesagt, „Mensch, Du musst richtig zuhören!", auf Grundlage dieser Aussage, dieses Dogmas, hörst Du lieber zu, statt den anderen zu unterbrechen. Das führt dann dazu, dass Du eben nur so tust, als ob Du zuhörst. Deswegen ist es besser, zu unterbrechen, auch wenn das im ersten Moment unhöflich wirkt. Die Frage ist nicht, unterbrichst Du den anderen oder nicht. Die Frage ist: Wie unterbreche ich, sodass der andere nicht eingeschnappt oder böse auf mich ist, sondern im Gegenteil, eher dankbar.

„Safety
heißt nicht
Comfort."

Sicherheit heißt einfach nur Sicherheit. Sie heißt, dass Du überlebst und überlebt hast. Die sichere Variante ist meist ganz okay, dennoch nie das wahrhaftig Tolle. Denk zum Beispiel an Deinen Job, der Dir Sicherheit gibt. Du findest ihn nicht besonders toll. Gleichzeitig weißt Du, dass diese Stelle sicher ist, Du kennst Deine Kollegen und alle ihre Eigenheiten. Du musst Dich mit nichts Neuem konfrontieren und weißt, Du das es hier die nächsten zwanzig Jahre aushältst. Sicherheit ist notwendig, um Dir in Deinem Leben Stabilität zu geben.

Komfort ist wiederum etwas anderes. Es bedeutet, dass es Dir gut geht, dass Deine Situation toll ist. Du hast Dir einen Raum und eine Lebenssituation geschaffen, die Dir Behaglichkeit bietet. Dafür hast Du Dir beispielsweise einen Job gesucht, der sehr gut zu Deinen Interessen passt und in dem Du Dich glücklich fühlst. Komfort ist etwas Mögliches und geht weit über die reine Bequemlichkeit eines Kompromisses hinaus.

Nur nach Deinem Sicherheitsbedürfnis zu handeln, ist nicht das anzustrebende Ziel. Sicherheit zu bevorzugen, heißt oft auch, Unzufriedenheit hinzunehmen. Die sichere Position ist nur die bequeme Position, weil Du dann nichts tun musst. Das, was wirklich toll ist, ist ein Umfeld, das Dir Behaglichkeit bietet, in dem Du Dich wohlfühlst. Die sichere Variante durch Akzeptanz von Unzufriedenheit, ist nicht die bessere Wahl.

„Nutze die Zukunft
als Inspiration und
die Vergangenheit
als Ratgeber."

Der Blick in die Zukunft und in die Vergangenheit sind beide extrem wichtig. Im Hier und Jetzt fragst Du Dich, wo Du herkommst und wo Du hin willst. Nutze zuerst Deine Zukunft als Inspiration. Male Dir aus, welche Persönlichkeit Du werden willst. Welche Stärken hast Du? Wie gehst Du mit Deinen Schwächen um? Welche Möglichkeiten der persönlichen Weiterentwicklung nutzt Du? Wie macht Dich Dein Leben glücklich? Stell Dir Deine Ziele und Träume vor. Wo willst Du leben? Welchen Job willst Du annehmen? Welche Partnerschaft führst Du?

Wenn Du Deine Vision vor Augen hast, wirfst Du einen Blick in die Gegenwart. Du machst eine Bestandsaufnahme: Was hast Du? Was brauchst Du noch, um der Inspiration zu folgen? Diese Bestandsaufnahme machst Du völlig unabhängig davon, wo Du herkommst. Es ist wichtig, dass Du Dir bewusst machst, dass es nicht von Deiner Vergangenheit abhängt, wo Du zukünftig hingehst. Du hast die Freiheit und die Wahl, was Du jetzt alles für das Erreichen Deiner Ziele und Visionen tust.

Deine Vergangenheit ist Dein Ratgeber. Du nutzt Deinen Erfahrungsschatz und weißt durch ihn, was in Deinem Leben bisher gut oder schlecht funktionierte. Mach Dir immer bewusst, dass das Leben vorwärts geht, nicht rückwärts. Klammere Dich deshalb nicht an Deine Vergangenheit, sie gibt Dir zwar Rat, sagt jedoch nicht: „So musst Du es weiterhin machen!" Ein guter Ratgeber sagt nicht, „Das haben wir früher schon gemacht, machen wir heute auch so", sondern, er zeigt Dir Mögliches auf. Möglichkeiten sind immer erweiterbar und reichen über Deine persönliche Vorstellung, die durch Deine Erfahrungen geprägt ist, weit hinaus.

„Ein Terminplaner
sollte ‚flexibel' sein,
ein Werkzeug,
um Dir zu helfen,
nicht Dein Meister."

Du verwendest einen Terminkalender, Checklisten und Du nutzt die Eisenhower-Methode, um dringliche und wichtige Dinge abzuwägen. Trotzdem hast Du ständig das Gefühl, dass Du nicht frei bist und nicht spontan das tun kannst, was Du wirklich willst. Dein Terminplaner ist Dein gefühlter Meister, der Dich zwingt, Dich nach Deinen Terminen zu richten.

Der Grund dafür ist nicht der Planer selbst. Dass Du Dich selbst strukturierst, schränkt Dich in Deiner Freiheit ebenfalls nicht ein. Im Gegenteil. Der Grund, warum Du Dich gezwungen und gefangen fühlst, ist Dein falsches Verständnis von Selbstwirksamkeit. Das heißt, dass Du nach wie vor auf der Dringlichkeitsebene agierst, statt die wirklich wichtigen Dinge zu tun.

Damit Dein Terminplaner Dein Diener, nicht Dein Meister ist, musst Du Deine Perspektive weg von der Dringlichkeit hin zur Wichtigkeit ändern und kapieren, dass Du Deinen Kalender füllst, nicht Dein Kalender sich selbst.

Um mit Deinem Terminkalender wirklich flexibel zu sein, richte Dir Zeitfenster für Spontanes ein. In diesen machst Du einfach das, worauf Du Lust hast und was Dir Spaß macht. Deine geplante Spontanität sorgt dafür, dass Du Dich regelmäßig frei in Deiner Wahl fühlst und zugleich Deine wichtigen Termine geplant hast.

„Höre auf das, was andere Menschen brauchen und nicht auf das, was Du über sie denkst."

In der Kommunikation bist Du vorzugsweise und automatisch auf der Ebene der Bewertung und Beurteilung. Du fragst Dich sofort im Inneren, ob das passt, was der andere sagt, ob es zu Dir passt oder nicht, ob es gut oder schlecht, sinnvoll oder nicht sinnvoll ist. Anstatt Dich diese Dinge zu fragen, ist es schöner zu fragen: „Was will er damit erreichen?" Diese Haltung wird als absichtsbezogene Kommunikation bezeichnet. Es geht dann weniger darum, *was* der andere sagt oder *wie* er es sagt. Du schaust dann eher hinter die Kulisse und versuchst herauszufinden, was der andere, mit dem was und wie er es sagt, bewirken will. Du versuchst, herauszufinden, was die Absicht hinter der Absicht ist und was der andere eigentlich möchte.

Wenn Du die Absicht des anderen erkennst, schließt sich die Frage an, wie Du ihm helfen kannst. Ziehe dabei gedanklich die Frage in Betracht, ob der andere diese Hilfe überhaupt haben möchte. Wenn Du viel mehr auf das hörst, was die Absicht des anderen ist und was er braucht, umso mehr kannst Du ihm helfen.

Du weißt nicht, ob der andere wirklich Hilfe möchte. Die Wahl, ob er das gut oder schlecht findet, überlässt Du einfach dem anderen. Wenn er die Hilfe braucht und es Dich weder einschränkt noch stört, sie zu geben, dann gibst Du sie ihm einfach. Es geht schlichtweg um das Verwerten statt Bewerten.

„Eine geleugnete Angst
wird zur Bedrohung.
Eine respektierte
zum Potenzial."

Die Verleugnung ist ein Abwehrmechanismus Deiner Psyche. Durch das Verleugnen ignorierst Du wahrgenommene reale Sinneseindrücke und definierst sie als nicht existent. Eine Angst zu verleugnen, ist also zunächst ein Schutzmechanismus. Allerdings arbeitet sie unbewusst weiter und wenn sie dann doch Mal auftritt, dann haut sie Dich voll um. Wie willst Du etwas verleugnen, das da ist?

Deine Angst zu respektieren, heißt, dass Du Deine Angst zulässt, sie anschaust und überlegst, warum und wofür Du sie hast. Wenn Du Deine Angst respektierst, hast Du die Chance, die Angst entweder wieder zu verlieren oder die Angst als Potenzial zu nutzen, weil sie wiederum Dein Antrieb ist.

Wenn Du es zum Beispiel schaffst, Deine Höhenangst zu respektieren und zu überwinden, schaffst Du es vielleicht, auch andere Ängste zu überwinden. Oder Du hast Angst davor, vor Leuten zu sprechen und hast extremes Lampenfieber. Du hast die Wahl, Deine Angst zu leugnen und allen Situationen aus dem Weg zu gehen, in denen Du vor anderen sprechen musst. Was ist dann allerdings, wenn Du doch mal vor Menschen sprechen willst, zum Beispiel auf Deiner eigenen Hochzeit? Deine Angst ist immer eine Chance, Dein Potenzial auszuschöpfen.

„Du brauchst mehr
Elan statt WLAN."

Schau auf die Zeit, die Du online bist. Und Du wunderst Dich, warum Du Deine Ziele einfach nicht erreichst? Du hast das Gefühl, täglich enorm viel zu tun und wirst trotzdem nicht fertig? Es bringt nichts, täglich pünktlich um sieben Uhr aufzustehen und den ganzen Tag unterwegs zu sein, wenn Du Dich die ganze Zeit selbst vom Wesentlichen ablenkst.

Wie viel Zeit verbringst Du mit Deinem Smartphone und im Internet? Sei ehrlich zu Dir und dokumentiere einen Tag lang, wie viele Youtube-Clips Du Dir anschaust, obwohl sie Dich nur ablenken, und wie viele Social-Media-Beiträge und Blogs Du liest. Lade Dir einen Zeittracker für Dein Smartphone herunter, der Dir zeigt, wie lang Du täglich Apps nutzt. Oder noch besser: Lade Dir einen Timer herunter, der Dich daran erinnert, sobald Du Deine von Dir festgelegte Smartphonezeit erreicht hast. Wenn Du an Deinem Laptop arbeitest, nutze den ‚Pomodoro Tomato Timer', mit dem Du Websiten für Deine Arbeitszeit sperren kannst. Lass Apps streng zu Dir sein, wenn Du es selbst nicht schaffst.

Du brauchst nicht mehr Energie. Was Du brauchst, ist mehr Fokus auf die Dinge, die wirklich wichtig sind. Du brauchst lediglich Elan, um internetfreie Zonen einzurichten. Erschaffe Dir ein Umfeld, das Dich zu fokussierter Arbeit animiert und Dich nicht vom Wesentlichen ablenkt.

„Du kannst
vielleicht nichts dafür,
wo Du herkommst.
Du entscheidest
allerdings,
wo Du hingehst."

Das klingt sehr abstrakt und das ist es auch. Deshalb ein kurzes Beispiel: Du kannst nichts dafür, dass Du eine nicht so optimale Kindheit hattest. Es lag auch nicht in Deiner Verantwortung, wenn Du als Kind häufig umgezogen bist oder, im Gegenteil, wenig auf Reisen warst. Das heißt nicht, dass Du auch zukünftig ein nicht so optimales Leben hast, oft umziehst oder nur wenig reist.

Von etwas Vergangenem auf die Zukunft zu schließen, oder eine Regel daraus abzuleiten, wird als Naturalistischer Fehlschluss bezeichnet. Dieser Begriff stammt aus der Philosophie. Vom Sein auf das Sollen zu schließen, ist ein klassischer Fehler der Logik, der oft Dein Denken bestimmt. Du bist kein ausgeliefertes und hilfloses Opfer Deiner Vergangenheit. Sie bestimmt nie Deine Zukunft. Das Vergangene beeinflusst lediglich Deine Art zu Denken. Wenn Du das erkennst, bist Du in der Lage, Deine Denkhaltung zu entwickeln.

Die Zeitform bestimmt, wie Du die Frage beantwortest, ob Du etwas für das kannst, wo Du herkommst. Die meisten und sicherlich auch Du wählen die Perspektive auf die Gegenwart, meinen damit allerdings die Vergangenheit. Warum? Weil die Gegenwart auch nur das Ergebnis Deiner Vergangenheit ist. Du schaust darauf, wo Du herkommst und wie Dich das Vergangene geprägt hat, also wie Du heute bist. Vom Aktuellen gehst Du aus, um vorwärts zu gehen. Die Frage, wofür du verantwortlich bist, musst Du jedoch aus der zukünftigen Perspektive beantworten. Das ist das gleiche, wie beim Thema Authentizität. Sie ist flexibel und beantwortet immer die Frage: „Willst Du so bleiben?" Egal wo Du herkommst und was Du erlebt hast, frag Dich ebenfalls, ob Du so bleiben willst.

„Frage nach,
bevor Du einen
Ratschlag gibst."

Du selbst hast das sicher mal erlebt, Du wolltest das, was Dich beschäftigt, einfach nur loswerden und Mitgefühl bekommen – und dann kam Dein Gesprächspartner mit einem gut gemeinten Ratschlag. Der Ratschlag war zwar nett gemeint, „nett" ist in diesem Fall allerdings auch nur die Schwester vom kleinen Arschloch. Du wolltest einfach nur Mitgefühl, statt einen Ratschlag.

Mir selbst ist es auch schon passiert. Ich habe ohne Ende Ratschläge gegeben und habe mich gewundert, wenn mich die anderen blöd angeschaut haben. Klar, da war ich der Klugscheißer. Ich habe Ratschläge gegeben, es waren jedoch gar keine Ratschläge gewollt. Wenn jemand hilfsbereit ist, ist er in fremden Augen ab und an auch ein Klugscheißer oder ein Besserwisser.

Das heißt grundlegend: Wenn Du jemandem helfen möchtest, dann tue es. Wenn der andere die Hilfe nicht braucht, nicht haben möchte oder nicht in dieser Art und Weise Hilfe haben möchte, dann wird er es Dir schon sagen. Bedenke, dass es dennoch Menschen gibt, die Dir das aus Höflichkeit nicht sagen werden, weil sie wissen, dass Du nur Gutes tun möchtest.

Im Coaching und in der Führung ist das wichtigste Prinzip: Hol Dir einen Auftrag. Frag nach, ob Du einen Ratschlag geben darfst. Denn, wenn Dein Mitmensch, Dein Kollege oder Dein Mitarbeiter vielleicht selbst drauf kommen möchte oder sich selbst an die Richtigstellung der Aufgabe machen möchte, um etwas zu lernen, dann bevormundest Du ihn, wenn Du ihm hilfst. Der andere möchte wachsen, doch immer, wenn Du etwas vorsagst, wächst der andere nicht. Durch Dein Vorsagen hat er die Chance zum Verstehen und Wachsen verpasst. Du kennst das selbst auch aus der Schule. Wenn Dir Dein Banknachbar etwas vorgesagt hat, dann hast Du zwar eine gute Note bekommen, allerdings nichts dazugelernt.

„Mit der Freiheit
zur Wahl kommen
auch die Chance
und das Risiko."

„Du musst Dich endlich entscheiden!" oder „Du musst Dich endlich mal festlegen!" – Das wurde sicher schon zu Dir gesagt. Wenn Du Dich entscheidest, dann wählst Du eine Option. Die geht entweder gut oder schlecht. Du bist Deiner Entscheidung ausgeliefert. Du musst da einfach durch.

Nein, musst Du nicht. Du hast immer Wahlfreiheit. Das bedeutet, dass Du immer frei wählen kannst zwischen den Möglichkeiten A, B, C und so weiter. Wenn Du zunächst B wählst und später feststellst, dass es doch nicht klappt, dann wählst Du einfach doch C. Oder Du wechselst zwischendurch zu A. Du hast immer die freie Wahl zwischen den Optionen. Du musst Dich niemals für eine entscheiden und fertig. Wenn Du vor der Jobwahl stehst, dann wählst Du aktuell Angebot A. Es steht Dir jederzeit frei, zu Angebot B oder C zu wechseln. So ist es auch bei den Themen Partnerschaft, bei der Wahl Deiner Frisur und den Sportkursen. Du hast immer die Wahl und musst Dich nie endgültig entscheiden oder festlegen. Du darfst wählen, klingt allein schon freier als die Konsequenzen einer Entscheidung tragen zu müssen.

Jede Wahl besitzt die Möglichkeit oder auch Chance, dass sie Dir das bringt, was Du willst. Zugleich birgt sie das Risiko, dass sie Dir nicht das bringt, was Du willst. Doch auch dieses Risiko ist als Chance zu verstehen, wenn Du Dir bewusst machst, dass die Möglichkeit Dir *noch* nicht das bringt, was Du willst. Denn: „Die Dinge sind nicht schwierig, Du weißt nur *noch* nicht, wie es geht." Diesen Spruch findest Du auch hier im Buch. Dort findest Du noch mehr zum Thema „noch nicht".

Deine nächste Wahl: Entscheidung zum Muss oder Freiheit zur Wahl.

„Jeden wirklich
individuell
zu behandeln,
ist die höchste Form
von Respekt."

Du versuchst, alle Menschen gleich zu behandeln. Das klingt im ersten Moment nach einem noblen Vorhaben, das Dir von Deinen Eltern und der Schule beigebracht wurde. Schau Dir das leidige Thema Pünktlichkeit an. Gleichbehandlung heißt für Dich, dass alle pünktlich um 9 Uhr morgens auf der Arbeit sind und gleichzeitig mit der Arbeit anfangen. Alle Personen werden gleich behandelt, egal wie unterschiedlich sie sind.

Durch eine solche Forderung werden tatsächlich alle gleich behandelt. Ist das Ziel wirklich Gleichbehandlung, also die Gleichmacherei von allen? Oder sollte es nicht viel eher das gleiche Recht für alle, also Gleichberechtigung sein?

Sprich: Wenn alle gleichberechtigt sind, heißt das, dass jeder individuell arbeitet. Der Frühaufsteher beginnt bereits um 8 Uhr und der Langschläfer beginnt erst um 10 Uhr. Jeder darf machen, was er möchte und wie er es möchte. Es gilt das gleiche Recht für alle. Du respektierst den Langschläfer, wenn Du ihn später anfangen lässt, weil Du weißt, dass er sich dann besser und wohler fühlt.

Ein weiteres Beispiel ist das Mittagessen bei Paaren und Familien. Das beginnt schon im Supermarkt, wenn es um die Frage geht, was Du zum Mittag essen möchtest. Du sagst Bolognese, Dein Partner wünscht sich Salat und Lachs. Die einfachste Lösung ist, dass jeder das isst, was er möchte. Die angestrebte Lösung ist, dass ein Gericht gemeinsam gegessen wird. Ich habe zu dieser Situation vier Gedanken:

1. Warum fragst Du dann überhaupt, was ich möchte?

2. Warum sagst Du nicht gleich, was Du willst?

3. Dann mach es doch einfach, ich esse doch sowieso, was auf den Tisch kommt. Und sei es aus falscher Freundlichkeit, da brauchst Du mich vorher nicht zu fragen.

4. Warum machen wir nicht beides? Selbst, wenn viel übrig bleibt, dann essen wird die zweite Portion der Gerichte einfach morgen.

Wahrer Respekt heißt also nicht die Gleichbehandlung von allen, das ist nur Gleichmacherei. Wahrer Respekt heißt, dass es jeder auf die Art machen kann, wie er es für richtig hält. Denn am Ende zählt doch das Ergebnis und nicht der Weg.

„Kinder werden in der Schule über den Vergleich bewertet, nicht nach ihrem Potenzial."

Stell Dir zwei Schüler vor, ein Mädchen und einen Jungen. Es wird ein Test geschrieben, der Junge hat vier von zehn möglichen Punkten bekommen, das Mädchen zehn von zehn. Das Ergebnis anhand der Punktebewertung lautet, dass der Junge schlecht und das Mädchen gut ist, unabhängig vom Geschlecht. Das ist eine typische Bewertung. Die eigentlich relevanten Fragen sind jedoch: Welche Potenziale konnte der Junge abrufen und welche nicht? Wo hat der Junge noch Potenziale, die er nicht abrufen konnte? Wo hat das Mädchen Potenziale, die es in diesem Test nicht entdecken konnte? Und was ist, wenn das Mädchen zwanzig oder dreißig Punkte hätte bekommen können und mit diesem Test völlig unterfordert war?

Im Schulwesen und dessen Formen der Bewertung fehlen die Individualität und die Flexibilität im Erkennen und Ausschöpfen von Potenzialen gänzlich. Es ist vielmehr eine Erziehungswissenschaft als eine wahrhaftige Bildungswissenschaft.

Das bedeutet, dass Du im Vergleich weniger von außen schaust, wo Du stehst. Sondern Dich viel mehr fragst, wo Du hinwillst und wo Du auf dem Weg zu Deinem Ziel gerade stehst, unabhängig von dem, was links und rechts von Dir passiert. Und wenn Du schon bewertest, dann überleg Dir, wie Du den Vergleich verwertest. Verwertest Du ihn, indem Du Dich dann runterziehen lässt oder nutzt Du den Vergleich, um Dich besser zu machen, ohne den anderen schlechter dastehen zu lassen.

„Wenn Du für
eine Sache brennst,
kannst Du Dir
auch Deine Finger
verbrennen."

Einen Sinn im Leben zu haben, gibt Dir Leidenschaft, ein großes Ziel zu erreichen oder die Mission zu erfüllen. Sei es die Musik, die Du mit Deiner Band produzierst und Konzerte spielst. Oder Dein Job als Müllfahrer, den Du so gerne machst, dass alle Dich kennen. Oder die Arbeit als Redner und Coach, mit der Du (so wie ich) den Menschen helfen und etwas zurückgeben möchtest – Du willst etwas bewegen, entwickeln, Deine Sicht auf die Welt kundgeben, Dich ausleben oder die Menschen um Dich herum inspirieren und berühren.

Nicht alles, was Du tust, klappt auf Anhieb, geschweige denn, dass es perfekt wird, nur weil Du es willst. Jede Leidenschaft braucht Übung und Ausdauer. Wenn Du für etwas brennst, willst Du immer das Maximum herausholen. Du wirst allerdings mehr als nur ein Mal an Deine Grenzen kommen. Du verspielst Dich während eines Konzerts mit Deiner Band so sehr, dass Dich Dein Publikum ausbuht. Oder Du erreichst als Coach Deinen Klienten nicht, weil Du den Inhalt nicht passend für ihn rüberbringen kannst. Es wird Momente geben, in denen Du nicht die Leistung bringst, die Du bringen willst. Fehler passieren, auch wenn sie manchmal wehtun. Sie gehören zu Deiner Entwicklung dazu.

Geh den Dingen nach, die richtig für Dich sind. Brenne für etwas, bring Leidenschaft ein, mach volles Programm! Rechne dann allerdings auch damit, dass Du Nebenwirkungen haben wirst. Sprich: Wenn Du einen Job hast, der Dich so sehr inspiriert, bei dem Du Dich extrem einbringst, egal ob Du angestellt oder selbstständig bist, dann wirst Du das Problem haben, dass Du nicht von Jetzt auf Gleich nach Deinem Feierabend um 17 Uhr abschaltest. Du kommst nicht nach Hause und bist sofort völlig frei im Kopf. Das ist eher wie eine heiße Herdplatte, es dauert ein bisschen, bis sie kalt ist. Bis dahin kannst Du Dir die Finger verbrennen.

„Das, was Du sagst,
beeinflusst nicht nur
die anderen,
sondern vor allem
Dich selbst."

Das, was Du denkst, hat einen Einfluss auf das, was Du sagst und tust. Das, was Du tust, hat eine Wirkung auf Deine Außenwelt. Diese nimmst Du wahr. Genauso ist es auch mit Worten, die Du sagst. Was Du sprichst, hören nicht nur die anderen, sondern vor allem Du selbst. Bei jedem Gespräch, das Du innerlich und äußerlich führst, redest Du immer zugleich mit Dir selbst. Ganz egal, ob Du mit Deinem Partner, Deinem Kind, Deinem Mitarbeiter oder Deinem Chef sprichst. Du nimmst das so zwar nicht wahr, weil Du denkst, Du redest nur mit dem anderen, jedoch hörst Du Dir zugleich selbst zu. Du beeinflusst Dich selbst. Deshalb ist es so wichtig, welche Qualität Dein innerer Dialog, Dein Selbstgespräch, das Du immer führst, hat.

Achte auf Deinen inneren Dialog. Das, was Du denkst, wird Realität und Wirklichkeit und offenbart sich im Außen. Deswegen solltest Du Dich nicht wundern, was da manchmal für ein Scheiß in Dein Leben tritt, wenn Du es doch mit Deinen eigenen Gedanken anziehst. Ein Beispiel: Wenn Du morgens aus dem Fenster schaust und denkst, dass das ein scheiß Tag wird, was wird's dann? Wenn ich diese Frage meinem Publikum stelle, antworten über 90 % mit der gleichen Antwort. Und die Antwort ist: Dann wird's ein scheiß Tag. Und was ist, wenn Du Dein ganzes Leben so denkst? Es geht darum, dass Du Dir wirklich klarmachst, welche Qualität Deine Gedanken haben. In welche Richtung gehen sie: in die Vergangenheit oder in die Zukunft? Vom Problem oder der Lösung aus? Orientieren sie sich an Sicherheit oder an Gestaltungsmöglichkeiten? Drehen sie sich nur um Dich, oder um das Ganze?

„Wenn Du
Deine Angst mit
Mut verbindest,
entsteht Lust
auf Entwicklung."

Stell Dir bitte immer die Frage: Was würdest Du tun, wenn du mutig wärst? Wie würdest Du dann agieren? Genau! Du würdest die Dinge umsetzen, Du würdest sie machen. Du würdest neue Möglichkeiten wahrnehmen und ungeahnte Dinge freilegen. Diese Vorstellung macht Lust, genau diese Möglichkeiten zu erreichen.

Angst lähmt Dich. Sie hält Dich immer dann ab, wenn es darum geht, neue Dinge zu tun und Dich durch neue Herausforderungen zu entwickeln. Angst hilft uns lediglich hinsichtlich des Gefühls von Sicherheit und Zufriedenheit und dabei, in der aktuellen Komfortzone zu bleiben. Wenn Du jedoch wirklich weiterkommen möchtest, dann such Dir genau die Möglichkeiten und Situationen, vor Denen Du bisher zurückschreckst, oder bei denen Du bisher sagst, dass Du Dich nicht traust.

Es geht dabei nicht darum, keine Angst mehr zu haben. Sondern das Ziel ist, mutig zu sein, auch wenn die Angst da ist. Wenn nur Angst da ist, dann ist das Verhältnis zwischen Angst und Mut nur einseitig. Wenn keine Angst mehr da wäre, sondern nur Mut, dann wäre das genauso der Fall. Auch Angst hat positive Aspekte, die Dir nur noch nicht bewusst sind.

Überlege: Was ist das Positive an Deinen Ängsten? Ausgewogen ist das Verhältnis zwischen Deiner Angst und Deinem Mut nur, wenn Du auf beide Eigenschaften gleichermaßen zugreifen kannst und immer die Wahl hast: Will ich jetzt ängstlich oder mutig sein?

„Wer sich nicht
entscheiden kann,
muss mit den Folgen
der Nichtentscheidung
klarkommen."

Leben heißt entscheiden. Alles, was Du tust, ist eine bewusste oder unbewusste Wahl, es genau so zu tun oder nicht zu tun. Damit wirst Du zum Schöpfer und Entscheider für Dein Leben. Du gibst die Richtung vor, wie Du bist und welchen Weg Du gehst. Es gibt jedoch auch Entscheidungen, die Du nicht triffst. Dann entscheidest Du dennoch, wie Du darauf agierst, welche Wahl Du triffst.

Ein Beispiel: Du stehst am reichhaltigen Buffet einer Veranstaltung und weißt einfach nicht, was Du nimmst. Je länger Du wartest, desto mehr wird das Buffet von den anderen leergeräumt. Für Dich bleibt am Ende im wahrsten Sinne des Wortes nur der Rest übrig. Die anderen haben indirekt die Entscheidung getroffen, was Du isst. In diesem Moment stellst Du dann fest, dass Du doch gern etwas anderes haben willst, das jetzt schon vergriffen ist. Du musst mit dieser Folge leben. Und genau das spiegelt unser aller Leben wieder.

Das ist im Job so. Du wartest ewig mit Deiner Bewerbung, Pech, dann schnappt sich ein anderer den Job. Oder auch in der Liebe. Du siehst einen tollen Menschen. Du traust Dich nicht, ihn anzusprechen – tja, weg ist er.

Erkenne, welche Folgen es hat, wenn Du Dich nicht entscheidest. Nicht entscheiden zu müssen, ist sehr bequem, die Folgen davon sind allerdings sehr unbequem. Sieh Dich als Schöpfer Deines Lebens und entscheide.

„Ein Problem
darfst Du keinesfalls
ungenutzt lassen."

Ein PRO-blem ist immer für etwas gut und nicht *wegen* oder *gegen* etwas entstanden, sonst hieße es ANTI-blem. Auf die Worte Pro-blem und Anti-blem gehe ich auch im Spruch „Die Art, wie Du ein Problem betrachtest, ist meist das eigentliche Problem" in diesem Buch ein. Ein Problem tritt auf, weil Du noch nicht weißt, wie Du Probleme vermeidest oder sie im besten Falle nutzt. Du weißt also noch nicht, wie Du sie verwertest, statt sie einfach nur zu bewerten. Du lernst, wie Du mit ihnen umgehst und sie in Zukunft vermeidest und Du eignest Dir Kompetenzen im Umgang mit Problemen und ihrer Deeskalation an.

Ein Problem tritt auf, um Dich in Deiner Persönlichkeit weiterzubilden. Der liebe Gott schickt Dir immer wieder dasselbe Problem in Form einer anderen Person, bis Du gelernt hast, das, was passiert, mit Gelassenheit anzugehen. Dein Erfahrungsschatz und Dein Handlungsspielraum vergrößern sich. Du wirst flexibler in Deinem Denken und Tun. Du lernst, mehr Möglichkeiten wahrzunehmen.

Geh sogar noch einen Schritt weiter: Suche Dir in regelmäßigen Abständen und proaktiv Probleme, um zu wachsen und weiterzukommen. Konfrontiere Dich zunächst mit kleineren, um Dich an die Situation zu gewöhnen, Dir selbst Herausforderungen zu stellen. Ziel ist es, dass Du in Zukunft Probleme, die auftreten, als eine Möglichkeit wahrnimmst, um persönlich weiterzukommen und Deine Komfortzone zu erweitern, dann bist Du auch weniger gezwungen, diese verlassen zu müssen.

„Druck ist
das Ergebnis,
nicht die
Ursache."

Du kennst das sicher aus Deinem Berufsalltag. Du hast unzählige Aufgaben, die Du alle schaffen musst, Du musst am besten noch schneller arbeiten und noch besser sein. Du fühlst Dich gestresst und ausgepowert wegen des andauernden Drucks.

Der Druck selbst ist allerdings nicht die Ursache für Dein Gefühl. Du warst ja nicht von Beginn an unter Druck, er hat sich Stück für Stück aufgebaut. Diesen Prozess hast Du kaum bemerkt.

Es braucht viele (kleine) Ereignisse und stressige Momente, die sich ansammeln, um Druck aufbauen. Es lasten immer mehr Ereignisse und damit verbundene Gefühle, Stress und Ängste auf Deinen Schultern. Mit jedem Päckchen mehr, das Du Dir aufbuckelst, wird die Last, die Du spürst, größer. Das führt dann dazu, dass Du Druck verspürst. Druck ist das Ergebnis und nie die Ursache. Also kümmere Dich um die Dinge, die zu dem Druck führen und versuche weniger, den Druck zu bekämpfen.

SPRÜCHEKLOPFER? Inspiration durch Provokation SPECIAL EDITION 1

Fazit

Das war er, der erste Teil „Sprücheklopfer?" Insgesamt 52 Sprüche - 52 Mal aufrütteln, 52 Mal provozieren, 52 Mal ein neuer Blickwinkel. Ich habe Dir zum Beispiel gezeigt, wieso es wichtig ist, die Absicht des anderen zu verstehen. Ich habe Dir viel Input zu den Themen Hoffnung und Zuversicht gegeben und wieso es wichtig ist, das eigene Ziel zu kennen. Du hast gesehen, wie Dich Deine Ängste beeinflussen und wie sich Deine Gedanken, Prinzipien, Werte und Glaubenssätze auf Dein Handeln auswirken. Auch andersherum weißt Du, dass sich Dein Handeln auf Dein Denken und dann auf Dein Umfeld auswirkt.

Meine letzten Fragen an Dich: Wie geht es Dir und wie fühlst Du Dich? Was hast Du für Dich mitgenommen? Du hast die freie Wahl! Dieses Buch ist voller Tipps, Tricks und Anregungen, wie Du Dich und Dein Denken weiterentwickelst. Jetzt liegt es an Dir: Was willst Du ausprobieren? Was hat Dich bewegt? Wann willst Du das Buch wieder zur Hand nehmen und Dich erneut inspirieren und aufrütteln lassen?

Es geht in diesem Buch nicht um richtig oder falsch. Es geht darum, den Schein Deiner Taschenlampe im Dunkel des Kellers auch in andere Richtungen zu lenken und nicht nur dorthin, wo Du weißt, dass da der Lichtschalter ist. Lerne, Dein eigenes Denken zu über-denken statt nur zu durch-denken oder gar zu zer-denken und habe Lust darauf, dich von anderen inspirieren zu lassen. Mein erstes Sprücheklopferbuch soll dafür eine charmante, wohlwollende und mit einem zwinkernden Auge provozierende Hilfe sein.

Alles Gute, Dein Daniel

SPRÜCHEKLOPFER? Inspiration durch Provokation SPECIAL EDITION 1

Danksagung

Mein großer Dank gilt immer wieder meiner lieben Christine. Du bist meine liebste und beste Lektorin, Kollegin und Freundin. Ich danke Dir für Deinen kritischen Blick auf meine Gedanken und Deinen wertvollen Input.

Vielen Dank an Manni und ein herzliches Servus nach München. Du hast einen riesigen Anteil daran, aus all meiner Klugscheißerei etwas Praktikables zu machen, das ich jetzt auch als Buch veröffentliche. Das hast Du nun davon, viel Spaß im Backoffice. Jetzt kannst Du jede Woche ein Meeting machen. ☺

SPRÜCHEKLOPFER? Inspiration durch Provokation   SPECIAL EDITION 1

Über den Autor

Daniel Hoch nimmt kein Blatt vor den Mund

Daniel Hoch kennt keine Tabus und legt die Karten offen auf den Tisch. Seit über 15 Jahren forscht und referiert der Top Speaker und Life-Coach auf höchstem Niveau in den Bereichen: Klarheit, Souveränität und Erfolg. Auf faszinierende Weise verbindet er Wissen mit Entertainment und hilft so Menschen, ihr bisher unentdecktes Potenzial bewussterzumachen und vollkommener auszuschöpfen. Mit einer großen Prise Unverfrorenheit stellt er den inneren Dialog seiner Zuhörer und Zuschauer spürbar auf Erfolg und zieht so jedes Publikum in seinen Bann. Daniel Hoch repräsentiert den Weg der ambivalent wohlwollenden Provokation in Perfektion. Erleben Sie Tränen der Betroffenheit und der Freude.

Nominiert für den RED FOX AWARD 2019 und 2020 und ausgezeichnet vom Magazin Focus als Trainer des Jahres 2016, hat er inzwischen 17 Bücher und zahlreiche Fachpublikationen veröffentlicht. Mehr als 10.000 Teilnehmer besuchen jedes Jahr seine Seminare und Vorträge. Als Experte steht er regelmäßig in Funk und Fernsehen vor der Kamera. An Hochschulen und Universitäten ist er als Profi ein sehr begehrter Gastdozent. Lassen Sie sich von Daniel Hoch berühren, wachrütteln und begeistern.

Portfolio / Vorträge

- MINDPUNK® – Denken und Leben für neue Götter
- KOPFKINO – Warum der richtige Fokus lebensentscheidend ist
- RESILIENZ – Umgang mit Krisen & Veränderungen
- AUFSCHIEBERITIS® – Wie Du Dich und Deine Gewohnheiten in den Griff bekommst
- KLARTEXT – Geheimnisse erfolgreicher Kommunikation
- KÖRPERSPRACHE – Die Zunge lügt, der Körper nie

Kontaktdaten

E-Mail: presse@danielhoch.com
Web: www.danielhoch.com
Telefon: 0341 22814045

Veröffentlichungen
von Daniel Hoch

MINDPUNK®
Denken und Leben für neue Götter

Die Veränderungen da draußen sind rasant und chaotisch: Die neue Welt prallt auf das alte Denken und es gibt einen gewaltigen Clash! Human (R)Evolution – Krieg der Werte und Generationen. Darwin ist out. Was hilft, ist ein Paradigmenwechsel ohne Wenn und Aber, denn Changemanagement ist tot und Veränderung funktioniert nicht mehr.

Auf ernsthafte und zugleich charmante Art zeigt Daniel Hoch, wie jeder Mensch zum MINDPUNK® wird: Welche Prinzipien in Zeiten des Wandels von Kulturen, Werten und Generationen immer wichtiger werden und wie wir sie leben. Er inspiriert mit Einblicken in seine persönliche Entwicklung und mit Momenten aus dem Leben – für das Leben. Für alle.

ISBN Hardcover: 978-3-948767-04-4
ISBN E-Book: 978-3-948767-05-1
ISBN Hörbuch: 978-3-948767-06-8

Preis: 29,99 €

CHECK YOUR LIFE!
Fragen für Dich & Dein Leben

Viele Menschen wünschen sich ein Leben, das mehr ihrem Sinn entspricht. Nur irgendwie klappt es nicht. Um der eigenen Lebensvision Stück für Stück näher zu kommen, braucht es Selbstreflexion. Denn die Gründe, warum wir noch nicht das Leben führen, von dem wir träumen, liegen immer in uns, im Selbst.

Um Deine Antworten des Lebens zu finden, stellt Dir Daniel Hoch in seinem Workbook „CHECK YOUR LIFE! Fragen für Dich & Dein Leben" 99 tiefgreifende und zum Teil provokante Fragen, die Dir helfen, Dich intensiv und nachhaltig zu reflektieren. Mit CHECK YOUR LIFE! entfaltest Du neue, bisher unentdeckte Potenziale, findest mehr Deinen Sinn und gewinnst Klarheit darüber, wie Du Dein Leben erfüllender er-schaffst und gestaltest.

ISBN Paperback: 978-3-948767-00-6
ISBN E-Book: 978-3-948767-01-3
ISBN Hörbuch: 978-3-948767-41-9

Preis: 24,99 €

TUN®
Am Ende zählt nur das Ergebnis, nie die Ausreden.

Die Buchinhalte sind Ihr täglicher Ratgeber gegen die „Aufschieberitis®", um die privaten und beruflichen Ziele definitiv und sinnvoll zu erreichen. Die Rezepte beziehen sich nicht nur auf Ihr persönliches Handeln, sondern vor allem auf das unternehmerische und zielorientierte TUN®.

ISBN Paperback: 978-3-948767-02-0
ISBN E-Book: 978-3-948767-03-7
ISBN Hörbuch: 978-3-948767-40-2

Preis: 24,99 €

AUFSCHIEBERITIS® —
Die Volkskrankheit Nr. 1

In der zweiten Auflage dieses Buches erfahren Sie alles über Ursachen, Symptome sowie schwerwiegende Nebenwirkungen der Volkskrankheit „Aufschieberitis".

Lesen Sie, wie Sie mit dieser scheinbar harmlosen, aber auf weite Sicht lebensbedrohliche Diagnose umgehen. Nutzen Sie Daniel Hochs neue Erfolgsrezepte, um die Krankheit zu besiegen und schützen Sie sich vor erneuter Ansteckung! Die zweite Auflage überzeugt durch neue Erkenntnisse, aktuelle Studien und Interviews: Damit bezwingen Sie Ihren Schweinehund garantiert!

ISBN Paperback: 978-3-948767-07-5
ISBN E-Book: 978-3-948767-08-2
ISBN Hörbuch: 978-3-948767-98-3

Preis: 19,99 €

AUFSCHIEBERITIS®
bei Führungskräften

In diesem Buch erkennen Sie Ursachen, Symptome und schwerwiegende Nebenwirkungen der „Volkskrankheit Aufschieberitis® bei Führungskräften". Nutzen Sie die Erfolgsrezepte der beiden Führungskräfte-Coaches Daniel Hoch und Christine Carus für Ihren eigenen Führungsalltag. Bezwingen Sie mit den Erkenntnissen Ihren Schweinehund und handeln Sie!

ISBN Paperback: 978-3-948767-09-9
ISBN E-Book: 978-3-948767-10-5
ISBN Hörbuch: 978-3-948767-46-4

Preis: 19,99 €

AUFSCHIEBERITIS®
bei Studenten

In diesem Buch erkennst Du Ursachen, Symptome und schwerwiegende Nebenwirkungen der „Aufschieberitis®" bei Studenten. Nutze meine Erfolgsrezepte als Führungskräfte- und Mental Coach für Deinen Studentenalltag. Bezwinge mit diesen Erkenntnissen und Rezepten Deinen Schweinehund!

ISBN Paperback: 978-3-948767-11-2
ISBN E-Book: 978-3-948767-12-9
ISBN Hörbuch: 978-3-948767-47-1

Preis: 14,99 €

Leadership Bibel
Klarheit und Souveränität in der Führung

Souveräne Führung hat zwei wichtige Zielsetzungen: Einerseits das wirtschaftliche Ergebnis, also die Zahlen, Daten, Fakten und andererseits die Erfüllung der menschlichen Bedürfnisse aller Teammitglieder, um produktiv mit Freude zu arbeiten. Eine souveräne Führungskraft vereint beides und entwickelt ein prinzipienorientiertes Führen auf Basis der Eigenverantwortung jedes Teammitglieds. So schöpfen Sie die Potenziale des gesamten Teams aus und schaffen Arbeitsfreude in einem innovativen Füreinander.

Daniel Hoch zeigt Ihnen in der „Leadership Bibel", wie Sie durch Prinzipien moderner Führung mehr Klarheit und Souveränität schaffen. Sie erfahren, wie Sie sich als Führungskraft optimal organisieren und lernen, wie Sie erfolgreich und klar kommunizieren. Er-schaffen Sie ein völlig neues Arbeitsgefühl für Ihr Team und für Sie selbst.

ISBN Paperback: 978-3-948767-23-5
ISBN E-Book: 978-3-948767-24-2
ISBN Hörbuch: 978-3-948767-37-2

Preis: 14,99 €

Home Office Bibel
Digital Leadership | Virtuelle Meetings
Produktives Arbeiten

Home Office – Der Traum des Einen und der Fluch des Anderen klingt nach weniger Stress, weniger Konflikte mit anderen, keine Fahrtwege und mehr Freiraum. Das ist nicht nur der Wunsch vieler Menschen, sondern auch eine absolute Herausforderung.

In der „Home Office Bibel" zeigt Ihnen Daniel Hoch seine wirkungsvollsten Tricks & Rezepte zu den Themen: Digital Leadership, Virtuelle Meetings und Home Office Working. Sie erfahren, welche Prinzipien Ihnen zu mehr Produktivität verhelfen, wie Sie Ihre Selbstmotivation enorm steigern und wie Sie mit Störenfrieden und Fettnäpfchen souverän umgehen.

ISBN Paperback: 978-3-948767-35-8
ISBN E-Book: 978-3-948767-36-5
ISBN Hörbuch: 978-3-948767-39-6

Preis: 14,99 €

Meeting Bibel
Quickie oder Orgie?
Rezepte für perfekte Meetings

Meetings. Jeder kennt sie, keiner liebt sie. Kein Wunder, wenn sie zu ewig langen und einschläfernden Veranstaltungen werden, bei denen nichts herauskommt. Durch schlecht organisierte Meetings verschwenden Sie Energie, Zeit und Geld. Das Potenzial, das im gemeinsamen Austausch steckt, geht meist verloren. Als Führungskraft ist es Ihre Aufgabe, genau dem entgegenzuwirken. Auf provokante Art zeigt Ihnen Daniel Hoch in der „Meeting Bibel" innovative Prinzipien und eine in der Praxis erprobte neue Meetingkultur. Durch wirkungsvolle Rezepte und kreative Tipps zeigt er Ihnen, wie Sie mit simplen Kniffen und Tricks die Qualität Ihrer Meetings sofort enorm steigern. Nicht nur Sie werden beim Lesen der „Meeting Bibel" schmunzeln, sondern auch Ihre Meetingpartner.

ISBN Paperback: 978-3-948767-21-1
ISBN E-Book: 978-3-948767-22-8
ISBN Hörbuch: 978-3-948767-99-0

Preis: 14,99 €

Sales Bibel – Die heilige Schrift
für erfolgreiche Verkäufer im Einzelhandel

Was macht den professionellen Verkäufer aus? Talent? Einsatz? Know-how? Die Antworten gehen von den Grundlagen im Denken bis hin zu extrem treffsicheren Geheimtipps. Aus vielen Strategien, Rezepten und Ideen ist dieses Handbuch entstanden, das als Standardwerk für den Verkauf dient, um eine Top-Performance zu erreichen.

ISBN Paperback: 978-3-948767-19-8
ISBN E-Book: 978-3-948767-20-4
ISBN Hörbuch: 978-3-948767-45-7

Preis: 14,99 €

33 Rezepte
gegen Aufschieberitis

Ohne Schnickschnack — einfach Rezepte, Rezepte und Rezepte. In der Trilogie bekommst Du in jedem Teil dreiunddreißig Rezepte gegen die Aufschieberitis®. Egal, wo sie auftritt, woher sie kommt und welche Ausreden Dich abhalten. Manchmal müssen wir es nicht verstehen, sondern einfach loslegen. Die Ideen und Hilfe bekommst Du hier. Inspirieren und ausprobieren. Tun.

33 Rezepte gegen Aufschieberitis · Teil 1
ISBN Paperback: 978-3-948767-13-6
ISBN E-Book: 978-3-948767-14-3
ISBN Hörbuch: 978-3-948767-48-8

33 Rezepte gegen Aufschieberitis · Teil 2
ISBN Paperback: 978-3-948767-15-0
ISBN E-Book: 978-3-948767-16-7
ISBN Hörbuch: 978-3-948767-49-5

33 Rezepte gegen Aufschieberitis · Teil 3
ISBN Paperback: 978-3-948767-17-4
ISBN E-Book: 978-3-948767-18-1
ISBN Hörbuch: 978-3-948767-50-1

Teil 1, 2 & 3 zusammen
Preis: 24,99 €

Sprücheklopfer?
Inspiration durch Provokation

Daniel Hoch haut mit seiner lockeren und zugleich herausfordernden Art immer wieder provokante Sprüche raus, die zum Nachdenken anregen. In diesem Buch zeigt er insgesamt 52 Sprücheklopfer und welcher Gedankengang hinter ihnen steckt. „Sprücheklopfer?" ist für alle, die gerne den Weg der Provokation, des anderen Blickwinkels nehmen, die schmunzeln, nachdenken und sich angegriffen fühlen wollen. Es ist weder eine Religion, Ideologie, noch ein Lebenswerk. Es ist ein Tagebuch voller Gedanken und Ideen, die dem Menschsein und dem gemeinsamen Lernen entspringen. Immer mit dem Ziel: provozieren, herausfordern, anregen, inspirieren.

Sprücheklopfer? — Inspiration durch Provokation · Teil 1
ISBN Paperback: 978-3-948767-25-9
ISBN E-Book: 978-3-948767-26-6
ISBN Hörbuch: 978-3-948767-43-3

Sprücheklopfer? — Inspiration durch Provokation · Teil 2
ISBN Paperback: 978-3-948767-27-3
ISBN E-Book: 978-3-948767-28-0
ISBN Hörbuch: 978-3-948767-42-6

Sprücheklopfer? — Inspiration durch Provokation · Teil 3
ISBN Paperback: 978-3-948767-29-7
ISBN E-Book: 978-3-948767-30-3
ISBN Hörbuch: 978-3-948767-44-0

Teil 1, 2 & 3 zusammen
Preis: 24,99 €

Sprücheklopfer?
Inspiration durch Provokation
SPECIAL EDITION 1

Daniel Hoch kennt keine Tabus und haut raus, was sonst keiner sagt — dazu gehören auch bitterböse Wahrheiten. Die Sau muss einfach mal rausgelassen werden, denn, wann darf sie das im Alltag schon mal? Die teuflische Variante, die schwarze Edition, enthält 52 Sprüche, die es in sich haben. Sie fordern Dich heraus und inspirieren Dich dazu, Dein Denken zu hinterfragen. Dafür sind Gedanken, Gewohnheiten und Situationen, die Du kennst, teilweise überspitzt, bösartig und satirisch dargestellt. Manche brauchen es einfach ein bisschen härter, um ihren Allerwertesten zu bewegen und den Kopf zum Denken anzuschmeißen. Für genau diese Menschen ist die SPECIAL EDITION der Sprücheklopfer gedacht.

Sprücheklopfer? — Inspiration durch Provokation · SPECIAL EDITION 1

ISBN Hardcover: 978-3-948767-31-0
ISBN E-Book: 978-3-948767-32-7
ISBN Hörbuch: 978-3-948767-38-9

Preis: 14,99 €

FSC
www.fsc.org

MIX

Papier | Fördert
gute Waldnutzung

FSC® C083411

Zeitfracht Medien GmbH
Ferdinand-Jühlke-Straße 7
99095 Erfurt, Deutschland
produktsicherheit@kolibri360.de